과학을 훔친 수상한 영화관

2판 1쇄 발행 2020년 9월 1일

글쓴이 서지원
그린이 조국희

펴낸이 이경민
펴낸곳 ㈜동아엠앤비
출판등록 2014년 3월 28일(제25100-2014-000025호)
주소 (03737) 서울특별시 서대문구 충정로 35-17 인촌빌딩 1층
전화 (편집) 02-392-6901 (마케팅) 02-392-6900
팩스 02-392-6902
전자우편 damnb0401@naver.com
SNS

ISBN 979-11-6363-234-4 74400

※ 책 가격은 뒤표지에 있습니다.
※ 잘못된 책은 바꿔 드립니다.

 도서출판 뭉치는 ㈜동아엠앤비의 어린이 출판 브랜드로, 아이들의 지식을 단단하게 만들어주고, 아이들의 창의력과 사고력을 키워주어 우리 자녀들이 융합형 창의 사고뭉치로 성장할 수 있도록 좋은 책을 만들겠습니다.

수상한 과학을 훔친 영화관

글쓴이 **서지원** | 그린이 **조국희**

뭉치 MoongChi Books

펴내는 글

온라인으로 영화 파일을 공유하는 것은 불법일까?
특정 영화 한 편이 극장 상영관을 거의 독차지하는 것은 옳은 것일까?

    선생님의 질문에 교실은 한순간 조용해집니다. 인내심이 한계에 다다른 선생님께서 콕 집어 누군가의 이름을 부르는 순간 나는 걸리지 않았다는 안도감에 금세 평온을 되찾지요. 많은 사람 앞에서 어떻게 말을 해야 하나 고민해 보지 않은 사람은 없을 겁니다.
    사람들 앞에서 자신의 생각을 조리 있게 전달하는 기술은 국어 시간에만 필요한 것이 아닙니다. 수업 시간뿐만 아니라 상급 학교 면접 자리 또는 성인이 된 후 회의에서도 자신의 의견을 분명히 표현하는 것이 중요합니다. 하지만 어디서부터 시작해야 할지 몰라 입을 떼는 일이 쉽지 않습니다. 얼떨결에 한마디 말을 하게 되더라도 뭔가 부족한 설명에 왠지 아쉬움이 들 때도 많습니다.
    논리적 사고 과정과 순발력까지 필요로 하는 토론장에서 자신만의 목소리를 내려면 풍부한 배경지식은 기본입니다. 게다가 고학년으로 올라가서 배우는 수업과 진학 시험에서의 논술은 교과서 이상의 것을 요구합니다. 또한 상대의 의견을 받아들이거나 비판하기 위해 의견의 타당성과 높은 수준의 가치 판단을 해야 하는 경우가 많은데, 자신의 입장을 분명히 하기 위해서는 풍부한 자료와 논거가 필요합니다.
    「초등 융합 사회과학 토론왕」 시리즈는 사회에서 일어나는 다양한 사건과 시사 상식 그리고 해마다 반복되는 화젯거리 등을 초등학교 수준에서 학습하고 자신의 말로 표현할 수 있도록 기획되었습니다. 체계적이고 널리 인정받은 여러 콘텐츠를 수집하

고 정리하였고, 전문 작가들이 학생들의 발달 상황에 맞게 스토리를 구성하였습니다. 개별적으로 만들어진 교과서에서는 접할 수 없는 구성으로 주제와 내용을 엮어 어린이 독자들이 논리적 사고뿐만 아니라 문제 해결력, 창의적 발상을 두루 경험할 수 있도록 하였습니다. 또한 폭넓은 정보를 서로 연결지어 설명함으로써 교과별로 조각나 있는 지식을 엮어 배경지식을 보다 탄탄하게 만들어 줍니다. 이러한 통합 교과형 구성은 국어를 기본으로 과학에서부터 역사, 지리, 사회, 예술에 이르기까지 상시가 사회에 대한 감각을 익히고 세상을 올바르게 바라보는 눈도 갖는 데 큰 도움이 될 것입니다.

『과학을 훔친 수상한 영화관』은 정지된 사진에서 움직이는 사진으로, 무성 영화에서 유성 영화로, 흑백 영화에서 컬러 영화로, 평면에서 입체로 탈바꿈한 영화의 모습을 다루고 있습니다. 호기심 많은 세 명의 아이들은 유령이 나온다고 소문이 난 극장을 뒤지다 한 연구실에서 빛과 소리를 연구하는 한 박사님을 만나게 됩니다. 아이들은 박사님과 함께 과학의 도움을 받아 발전해 간 영화의 이모저모를 알게 되고, 영화 산업이 지닌 가치를 배우게 됩니다. 이 책을 통해 어린 독자들은 영화의 전체 모습을 올바르게 이해하고, 이 과정에서 나타나는 여러 사회 현상을 파악하고 올바른 가치관을 갖게 된다면 더 없이 소중한 시간이 될 것입니다.

편집부

차례

펴내는 글 · 4
수상한 영화관 · 10

 **1장** **앗, 사진이 움직여요 · 13**

유령이 나타난다고?
빛과 소리를 연구하는 아저씨
영화가 빛으로 그리는 그림이라고?

토론왕 되기! 불법 다운로드, 과연 막을 수 있을까?

 **2장** **우아, 소리가 들려요 · 35**

재미있는 효과음의 세계
소리는 떨림으로 나는 거야

 **3장** **알록달록 색깔을 입혀요 · 55**

컬러로 빛나는 영화
서서히 드러나는 음모의 실체

토론왕 되기! 애니메이션, 과연 우리나라에서는 어려운 장르일까?

4장 나도 모르게 손을 뻗어요 · 77

아저씨가 유령은 아닐까?

신기하고 다양한 촬영의 세계

5장 우리도 영화를 만들어 볼까? · 97
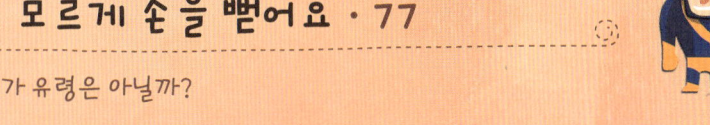

드디어 밝혀지는 미스터리

레디, 액션! 영화를 만들자

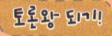 어린이 배우도 인권을 보호받아야 하지 않을까?

영화 관련 사이트 · 117

알수록 재미있는 영화 관련 용어 · 118

신 나는 토론을 위한 맞춤 가이드 · 120

수상한 영화관

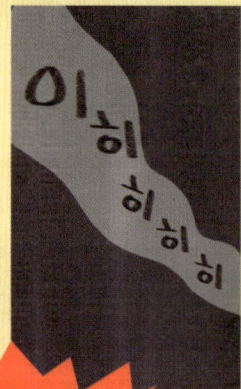

방금 무슨 소리 들리지 않았어?

저긴 아무도 없는 곳인데!

유, 유령이다!

1장
앗, 사진이 움직여요

유령이 나타난다고?

 민우가 헐레벌떡거리면서 교실 문을 열어젖혔어요. 웅성대던 아이들이 하나같이 민우를 바라보았어요. 민우가 반 친구들의 눈빛을 확인하더니 말을 꺼냈어요.
 "유령들이 나타나 동네 밭을 다 파헤쳐 놓고, 마을 장승이랑 동상을 반으로 쩍 부숴 놨대. 냇가 앞 정자에서는 갑자기 불이 나는 바람에 소방관 아저씨들이 출동하고 난리났다니까. 게다가……."
 민우가 잔뜩 뜸을 들이다가 말하려는데 서윤이가 버럭 소리쳤어요.

"야, 강민우! 곧 수업 시작할 시간이야. 떠들지 말고 자리에 앉아."

민우는 입을 뻐끔거리더니 이내 꾸욱 다물고 말았어요. 민우가 자기 자리로 가려고 하자 재민이가 민우의 팔을 붙잡았어요.

"잠깐만, 그래서 어떻게 됐는지는 말해 줘야지."

민우는 말을 할까 말까 하고 주위를 살폈어요. 아이들은 잔뜩 기대하는 눈치였어요. 민우는 서윤이를 힐끗 보더니 입을 뗐어요.

"글쎄, 그게 전부 유령 짓이라는 거지."

민우의 말이 끝나자마자 아이들은 "우!" 하고 소리 질렀어요.

"정말이야! 어젯밤에 어떤 형들이 극장 앞을 지나가다가 유령을 봤대. 경찰인 우리 아빠가 경찰관 친구랑 통화하는 걸 들었어."

"정말?"

재민이가 믿을 수 없다는 듯 물었어요. 그때 서윤이가 도끼눈으로 둘을 바라보았어요. 민우가 조용히 자기 자리로 가자 아이들끼리 서로 수

군거렸어요.

"나도 비슷한 얘기를 들었는데 사람도 없는 극장에서 가끔 사람 말소리가 들린다지 뭐야."

"나쁜 형들이 거기서 못된 짓을 하는 게 아닐까 하고 경찰이 조사하러 간 적 있대. 그런데 사람의 흔적은 찾지 못했대."

어떤 형들이 이상한 소리를 들었다는 곳은 버려진 극장이었어요. 손님도 없는 극장에는 '극장 할아버지'라고 불리는 할아버지가 가족도 없고 친구도 없이 홀로 지내고 있었어요. 그런데 얼마 전 극장 할아버지가 갑자기 쓰러져 병원에 있자 극장은 흉물스러운 곳이 되었어요.

"절대로 유령이 벌인 일은 아닐 거야. 이 세상엔 오직 과학으로 설명할 수 있는 일만 있는 법이니까."

탐정을 흉내 내듯 재민이가 연필을 입에 물고 중얼거렸어요.

"우리 형은 유령이 틀림없을 거라던데? 보름달이 뜬 날에는 절대로 밖에 나가지 말랬어. 유령이 아이들을 잡아간다고 했거든."

"바보야, 세상에 유령이 어디 있냐?"

재민이가 민우에게 핀잔을 놓았어요.

"그게 아니면 누가 어떻게 동상이랑 장승을 반 토막 냈겠어?"

재민이는 민우를 향해 혀를 끌끌 찼어요. 민우는 반에서 키도 제일 크고 몸집도 꽤 컸어요. 그리고 태권도 실력도 무척 뛰어났어요.

"이따가 극장에 가 보자. 두 눈으로 직접 확인하기 전엔 믿을 수 없어."

재민이의 말에 민우가 오들오들 떨었어요. 재민이는 연필 끝을 잘근잘근 씹으며 중얼거렸어요.

"틀림없이 뭔가 냄새가 나. 냄새가……."

"야, 거기 두 사람! 조용히 수업 준비하지 않으면 정말 냄새나는 화장실 청소를 하게 될 거야. 경고하는데 쓸데없는 짓은 하지 마!"

앙칼진 서윤이 목소리가 들렸어요. 그러자 재민이는 서윤이를 향해 혀만 삐죽 내밀더니 고개를 휙 돌렸어요. 민우도 고개를 돌렸어요.

 ## 빛과 소리를 연구하는 아저씨

수업이 끝나마자마자 재민이는 민우를 데리고 극장으로 갔어요. 극장 앞 골목은 뭔가 으스스한 느낌으로 가득했어요.

"야, 정말 들어가려고?"

"당연하지!"

재민이는 민우를 앞장세워 극장 안으로 들어갔어요. 더듬거리며 걷다가 전기 스위치를 찾아 눌렀더니 복도에 불이 들어왔어요. 복도에는 먼지가 뽀얗게 앉은 갖가지 장식품이 있었어요.

"아무도 없는 거 같은데?"

재민이가 두리번거리며 말했어요.

"화, 확인했으니까 이제 그만 돌아가자."

민우가 재민이의 옷을 잡아당기며 말했어요. 바로 그때 복도에서 누군가의 노랫소리가 들려왔어요.

"어디서 나는 소리지? 저, 저쪽 같았는데……."

고개를 갸우뚱거리던 재민이는 민우에게 흩어져서 소리 낸 사람을 찾아보자고 했어요. 그러자 민우의 눈이 휘둥그레졌어요.

"뭐해, 빨리 가!"

재민이는 민우를 뒤로 한 채 오른쪽 복도를 향해 성큼성큼 걸어갔어요. 얼마나 지나지 않아 복도 끝에 작은 문이 하나 보였어요. 재민이는 조심스럽게 문을 살짝 열어 안쪽을 들여다보았어요. 그때 뭔가 뒤로 재빨리 움직이는 것이 느껴졌어요.

"으아악!"

놀란 재민이가 소리를 내질렀어요. 검은 무언가도 동시에 고함을 질렀어요. 재민이가 뒷걸음질 치자 검은 무언가도 뒤로 주춤 움직이는 듯했어요.

"유, 유령이다!"

재민이가 손가락질하며 소리쳤어요. 그런데 그 검은 무언가도 재민이를 향해 "유령이다!" 하고 소리를 지르지 뭐예요.

"누구, 설마 사람이에요?"

재민이가 묻자 검은 무언가가 소리쳤어요.

"그럼, 난 사람이지. 그러니까 썩 물러가라고, 이 유령아!"

"아니에요, 전 유령이 아니라 그냥 평범한 초등학생이에요."

한동안 침묵이 흐른 뒤 작은 문이 삐걱 열리고 발소리가 들렸어요.

"누구세요?"

"난 동방구야."

나이가 좀 들어 보이는 한 아저씨가 자신을 '동방구'라고 소개했어요. 낡고 오래된 이 극장을 관리하던 극장 할아버지의 동생이랬어요.

"난 이곳에서 빛과 소리를 연구하고 있었어. 세상에 없는 위대한 것을 발명하려고 말이야."

동방구 아저씨는 자신을 '동 박사'라고 불러 달라고 했어요. 연구실에는 이상한 기계가 잔뜩 쌓여 있었어요. 벽에는 사진이 잔뜩 걸려 있고, 한쪽에는 필름 더미가 가득했지요.

"이게 다 뭐예요?"

"활동사진을 만들려고 사진을 이어 붙여 놓은 거란다."

"활동사진이 뭔데요?"

"사람의 움직임을 담은 사진이지. 여러 장의 사진을 이어서 보면 마치

실제로 움직이는 것처럼 보인단다."

1839년 다게르는 실제 모습을 종이에 담는 기술 '다게레오타입'이라 부름을 세상 사람들에게 소개했어요. 다게르가 발명한 사진기를 이용하면 사물의 모습을 있는 그대로 인화지 필름에 담은 모습을 사진으로 나타내기 위해 쓰는 종이에다가 표현할 수 있었어요.

"다게르가 사진기를 발명하자 사람들은 무척 놀라워했어. 사진 한 번 찍으려면 30분 이상 꼼짝 않고 있어야 하는데도 사람들은 서로 먼저 사진을 찍겠다며 난리였어."

"사진을 찍으려면 화장실에 미리 다녀와야 했겠는데요."

"껄껄껄! 아무튼 사진의 등장 이후 정지된 사진은 움직이는 모습을 나타낼

루이 다게르(1787~1851년) 프랑스의 화가이자 사진가로 위 사진은 자신의 모습을 촬영한 것이다.

과학을 훔친 수상한 영화관
18

수 있게 발전됐어."

"정지된 그림이 어떻게 움직이는 것처럼 될 수 있어요?"

재민이의 물음에 동 박사는 서랍에서 이상한 물건 하나를 꺼냈어요. 깡통처럼 생긴 둥근 통의 틈새로 이상한 그림이 보였어요.

"이건 조트로프라고 한단다. 창문 같은 틈이 있지? 거기에 눈을 대고 통 안을 봐. 통을 돌리면 그림들이 움직이는 것처럼 보일 거야."

재민이는 동 박사가 시키는 대로 했어요. 정지된 그림들이 움직이는 것처럼 보이자 절로 탄성이 나왔어요.

"이건 영국의 수학자 호너가 발명한 건데, 그 당시 부잣집 아이들이 꼭 갖고 싶었던 장난감이었어. 조트로프는 잔상 효과를 이용한 거란다. 사람이 어떤 물체를 한참 보다가 갑자기 다른 곳을 보면, 아주 짧은 시간 동안 눈 안쪽의 한 기관에 그 물체의 모습이 사진처럼 남아 있게 돼. 그것을 잔상이라고 해."

조트로프 그리스 말로 zoe(생명)와 trope(회전)를 합한 말로 1834년 윌리엄 조지 호너가 발명했다. 원통을 돌린 뒤 틈새로 내부를 보면 움직이는 듯 보인다.

재민이가 잠시 넋 놓고 있을 때 동 박사가 그림 한 장을 내보였어요.

"왼쪽에 있는 새장 속의 새를 하나부터 열까지 세며 바라봐. 그러고 나서 오른쪽 새장에 있는 검은 점을 봐. 어떻게 보이니?"

"눈이 검은색인 새가 보여요!"

"그래, 그게 바로 잔상 효과라는 거야. 정지된 그림을 여러 장 빨리 넘겨보면 잔상들이 마구 겹쳐 보이겠지? 그래서 우리는 정지된 그림이 움직이는 것처럼 받아들이는 거야. 영화도 이러한 원리를 이용한 거야."

고개를 끄덕이던 재민이의 머릿속에 텔레비전에서 봤던 영화 촬영 모습이 문득 떠올랐어요.

"어? 이상하다! 영화는 카메라로 찍는 거잖아요."

"이건 카메라가 발명되기 훨씬 이전이니까 그런 거야. 사람들은 연속으로 사진을 찍을 수 있는 카메라를 발명하고 싶었지만 기술이 모자랐어.

달리는 말 1878년 마이브리지는 카메라 12대를 일정한 간격으로 나란히 세워 놓고 달리는 말의 모습을 찍었다.

1878년에 마이브리지라는 사진작가가 세계 최초로 여러 대의 카메라를 사용해 달리는 말의 연속 사진을 찍었어."

동 박사는 서랍을 뒤적거리더니 사진 여러 장을 꺼냈어요. 재민이는 신기한 듯 한동안 사진을 바라보았어요.

"우아! 사진을 연결해서 보니 말이 달리는 것 같아요."

"그런데 말이야. 몇 년 뒤에 쥘 마레이가 '사진총'이라는 놀라운 기계를 발명했어."

"사진을 총알처럼 쓰는 무기인가요?"

재민이가 흠칫 놀라는 표정을 지으며 물었어요. 그러자 동 박사는 고개를 절레절레 흔들며 말했어요.

"아냐, 그런 게 아니라 모양이 꼭 총처럼 생겨서 이름을 그렇게 붙인 거야."

"아, 총을 쏘는 게 아니라 사진을 찍는 거였군요."

"그래, 총알 대신 사진이 찍히는 판을 넣고 총을 쏘듯 방아쇠를 당기면 사진이 찍혀 1초 동안 12장을 찍을 수 있는 놀라운 기계였지. 이후 에디슨이

여기서부터 책장을 주르륵 넘겨 보세요. 이것을 **플립 북**이라고 해요! 플립 북도 잔상 효과를 이용한 거예요.

에드워드 마이브리지(1830~1904년)
영국의 사진작가

사진을 연속으로 찍을 수 있는 카메라를 만들었고 뤼미에르 형제가 '시네마토그래프'라는 걸 만들면서 영화가 탄생한 거야."

사진총 1882년 마레이가 발명한 소총 모양의 사진기이다.

동 박사의 설명을 듣고 있던 재민이는 민우가 번뜩 생각났어요. 복도 어딘가에서 바들바들 떨고 있을지도 모르는 민우를 생각하자 서둘러 나가야겠다는 생각이 들었어요.

"박사님, 그만 가 볼게요. 친구가 기다려서요."

"아직 설명해 줄 게 아주 많은데 아쉽구나. 저쪽 문으로 나가렴."

재민이는 꾸벅 인사를 하고서 동 박사가 가리키는 쪽으로 걸어갔어요. 순간 벽이 꿈틀대며 움직이는 듯한 느낌이 들었지요. 놀란 재민이가 "으아악! 벽이!" 하고 소리를 내질렀어요.

"하하하! 그냥 움직이는 것처럼 착각을 일으키는 것뿐이라고. 실제로는 움직이지 않으니까 걱정하지 마."

재민이는 벽을 손으로 더듬어 보았어요. 눈으로 볼 때는 꿈틀꿈틀 움직이는 것 같았는데 정말 아무렇지도 않았어요.

"이게 어떻게 된 거예요?"

"우리 뇌는 착각을 할 때가 많아. 눈에 들어온 사물의 모양이 뇌로 전달될 때 원래 모습과 다를 경우가 있어. 이럴 때 뇌는 잠시 착각하는데 이를

에티엔느 쥘 마레이(1830~1904년)   1883년에 사진총으로 찍은 사람의 연속 동작

'착시 현상'이라고 해."

"윽, 탐정의 뇌는 착각 따위를 해서는 안 되는데……."

재민이가 혼잣말로 중얼거렸어요.

"그럼 세상이 재미없어질걸? 만약 착시 현상이 일어나지 않는다면 영화나 텔레비전 같은 건 볼 수 없을 거야. 영상물은 정지된 장면들이 연속으로 이어지면서 움직이는 것처럼 보이는 거니까."

착시 효과 그림은 정지되어 있으나 많은 원이 빙글빙글 도는 것처럼 보인다.

세계 최초의 영화

1895년 12월 28일 프랑스 파리에 있는 '그랑 카페'의 지하. 1프랑 우리나라 돈으로 약 2만 원을 내고 온 33명과 운이 좋았던 사람 몇 명이 나란히 앉아 있었어요. 사람들이 웅성웅성하는 가운데 갑자기 불이 꺼지더니 놀라운 광경이 벌어졌어요. 하얀 스크린에서 사진 속의 기차가 움직이고, 공장 사람들이 우르르 몰려나오는 모습이 보였어요. 이를 본 사람들은 놀라서 비명을 질렀어요. 어떤 사람은 악마가 요술을 부린 거라며 기도했고, 허겁지겁 도망하는 사람도 있었어요. 이날 상영된 것은 1분짜리 영화 10여 편으로 그랑 카페 지하에 있었던 사람들은 '세계 최초의 영화'를 본 거예요. 「공장의 출구」, 「기차의 도착」, 「물 뿌리는 정원사」 등의 영상을 만든 주인공은 뤼미에르 형제였어요. 뤼미에르 형제는 이 영상을 만든 기계를 '시네마토그래프'라고 이름 붙였어요.

영화 상영 광고
1895년 뤼미에르 형제가 그랑 카페에서 영화를 상영한다고 광고를 냈다.

시네마토그래프

뤼미에르 형제 움직이는 사진을 촬영하고 보여 줄 수 있는 기능을 갖춘 '시네마토그래프'를 발명하고 특허를 얻었다.

영화가 빛으로 그리는 그림이라고?

갑자기 문이 벌컥 열리는 소리가 났어요. 낯익은 민우의 목소리도 들렸어요.

"재민아, 여기 있었구나!"

민우는 재민이가 죽은 줄 알았다며 서럽게 울었어요. 한참 동안 엉엉 울던 민우는 눈물을 훔치며 주위를 살폈어요.

"근데 여긴 어디야 그리고 저분은 누구시지?"

"이분은 동방구 박사님이야. 그냥 동 박사님이라고 부르면 된대. 키네토스코프라는 걸 보고 박사가 되기로 결심하셨다나……."

"키네토스코프라면 혹시 에디슨이 만든 거 아니야?"

민우가 고개를 갸웃했어요.

"오, 네가 그걸 어떻게 아는 거니?"

"얼마 전에 책에서 봤어요."

"이제야 말이 좀 통하는군!"

동 박사는 신이 난 듯 자기가 얼마나 위대한 연구를 하는지 보여 주겠다고 말했어요. 목소리가 어찌나 큰지 귀가 먹먹할 정도였어요.

키네토스코프 1889년에 에디슨이 발명한 영화 감상 도구로 한 사람밖에 볼 수 없었으나 인기를 모았다. 동전을 넣으면 자동으로 필름이 움직이고 확대경으로 들여다볼 수 있도록 설계되었다.

"나는 나의 꿈을 위해 오랫동안 빛의 성질을 연구해 왔단다."

"에, 빛에도 성질이 있어요?"

재민이가 묻자 동 박사가 눈살을 찌푸렸어요.

"넌 정말 모르는 게 너무 많구나."

동 박사는 눈을 지그시 감더니 설명을 시작했어요.

"영화를 빛으로 그리는 그림이라고 하니까 빛에 관해서도 잘 알아야 해. 빛에는 여러 가지 성질이 가운데 가장 중요한 성질 세 가지만 알려 줄게. 첫째는 직진, 둘째는 반사, 셋째는 굴절이야."

동 박사는 테이프가 쌓인 더미를 뒤적거리더니 뭔가를 찾아냈어요. 먼지가 뽀얗게 앉은 낡은 필름이었지요.

"이건 내가 가장 아끼는 영화란다. 내가 만든 영화이기도 하지."

"우아, 감독도 하셨어요?" 하고 아이들은 한목소리로 말했어요.

"새로운 걸 만들다 보면 이것저것 하게 되는 거야."

동 박사는 필름을 영사기에 걸자 그러자 흰 벽면에 영상이 나타났어요.

"왜 저렇게 움직임이 느리죠?"

재민이가 하품하며 물었어요. 그때 민우가 끼어들며 말했어요.

"저건 100년도 더 된 영화 같은데? 소리도 안 나고 사람들 옷차림도 이상하잖아."

"이건 뤼미에르 형제가 만든 시네마토그래프와 비교하면 엄청난 거야. 그들이 만든 건 고작 16프레임짜리 영상이었어. 1초에 16장의 정지된 사진을

빛의 세 가지 성질

빛은 곧게 나아가는 성질이 있어요. 이것을 '빛의 직진'이라고 하는데 빛이 지나는 길목에 투명한 물체가 있으면 그대로 통과하고 투명하지 않은 물체가 있으면 빛이 튕겨 나가요. 대신 물체 뒤쪽에는 그림자가 생겨요.

빛은 반사되는 성질을 지니고 있어요. 거울을 볼 때 자신의 얼굴을 볼 수 있는 것도 '빛의 반사' 덕분에 가능한 일이에요. 그런데 빛은 종이나 나무에도 반사될까요? 사실 종이나 나무 역시 빛을 반사시키지만, 거울처럼 겉이 아주 매끄럽지 않아서 빛을 흩어 놓아요. 반면 영화관에서 영화 볼 때 어떤 자리를 앉더라도 제대로 볼 수 있는 것도 스크린이 빛을 잘 반사시키기 때문이에요.

한편, 투명한 유리잔에 물을 넣고 빨대를 넣으면 빨대가 꺾여 보이지요? 이것은 빛이 꺾이면서 생기는 현상으로 '빛의 굴절'이라고 해요. 성질이 다른 물질을 지날 때 빛의 속도가 달라져서 나타나는 거예요. 빛은 물속보다 공기 속에서 달리는 속도가 훨씬 빨라요.

빛의 직진 / 빛의 반사  / 빛의 굴절

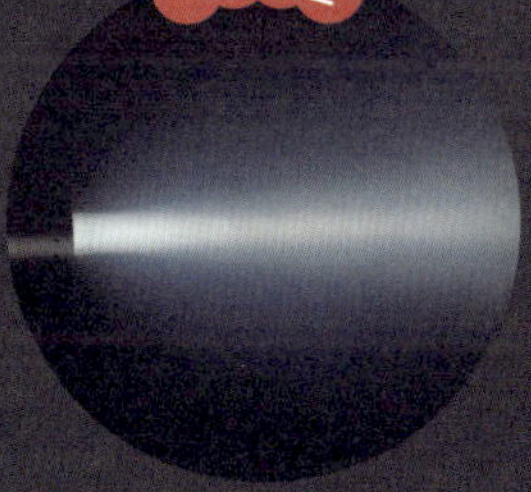

연속적으로 보여 주는 것에 불과했지. 프레임 수가 적으니 움직임이 부드러울 리가 있겠어? 하지만 내 영화는 달라. 난 무려 20프레임을 넣었다고."

"프레임?"

"사진 1장을 1프레임이라고 해."

민우가 재빨리 가르쳐 주었어요.

"그래, 잘 아는구나."

동 박사가 고개를 끄덕였어요.

"영화는 대부분 24프레임인데, 피터 잭슨의 「호빗」이란 영화는 48프레임이었어요. 요즘 집에서 보는 고화질 텔레비전(HD TV)은 30프레임이고요."

"흥, 그게 말이 된다고 생각하니?"

"정말이에요. 영화감독인 삼촌한테 들은 이야기예요."

민우는 스마트 폰을 꺼내서 사촌이 찍은 영화를 검색하다가 실수로 사진 버튼을 눌렀어요. 찰칵 소리와 함께 동 박사의 모습이 찍혔지요.

"이, 이게 뭐냐?"

"스마트 폰이에요."

순간 동 박사의 눈이 밖으로 튀어나올 듯 휘둥그레졌어요.

"렌즈는 대체 어디 숨은 거지?"

"여기, 이게 렌즈예요."

"말도 안 돼, 이렇게 작은 눈을 만들다니!"

동 박사는 감탄사를 잇따라 내뱉었어요.

"눈이라니요?"

"카메라는 사람의 눈과 똑같은 구조로 되어 있어. 우리가 물체를 볼 수 있는 건 빛이 있기 때문이야. 빛이 없으면 물체를 볼 수 없어. 물체에 부딪혀 나온 빛이 눈에 들어오면 비로소 우리는 볼 수 있는 거란다."

"이 얘긴 수업 시간에 들은 것 같아."

재민이와 민우는 함께 고개를 끄덕였어요.

"중요한 건 우리 눈이 탁구공만 하다는 거야. 뇌의 한 부분인 안구는 여러 작은 기관으로 이뤄져 있어. 밖에서 빛이 들어오면 빛은 각막을 거쳐 동공, 수정체를 지나서 망막이란 곳에 물체의 모양이 맺혀. 그런데 이때 물체의 모양이 거꾸로 맺히거든. 우리의 뇌는 이걸 똑바로 알아차려. 그래서 우리는 물체를 볼 수 있는 거야."

동 박사는 우리 눈과 똑같은 원리를 갖고 있는 카메라를 어떻게 눈보다 작은 크기로 만들 수 있냐고 소리쳤어요.

"그러고 보니까 옛날엔 카메라가 엄청 컸던 것 같아."

"맞아, 그랬어. 엄마랑 아빠가 젊었을 때는 주먹 두 개를 합친 것만큼 큰 카메라로 사진을 찍었대. 그때 쓰던 사진기가 아직 벽장에 있어."

재민이와 민우가 말을 주고받는 사이 동 박사가 뭔가를 꾸물꾸물 들고 왔어요. 동 박사는 스마트 폰을 분해해 봐야겠다며 망치를 치켜들었어요. 순간 민우가 사정없이 발차기를 날렸어요. 동 박사의 몸이 공중으로 부웅 떴다가 가라앉았어요. 스마트 폰도 공중으로 부웅 떠올랐지요. 민우는 재빨리 몸을 던져 스마트 폰을 붙잡았어요.

"으, 박사님, 죄송해요."

민우는 쓰러진 동 박사에게 손을 내밀었어요. 동 박사는 민우의 손을 잡

카메라의 구조   눈의 구조

는가 싶더니 재빨리 스마트 폰을 낚아채려 했어요.

"이걸 분해해야 해!"

"안 된다니까요, 생일 선물로 받은 전화기인데……."

민우는 재빨리 스마트 폰을 재민이에게 던졌어요. 재민이는 반사적으로 민우의 전화기를 향해 손을 뻗었지요.

민우는 스마트 폰을 얼른 주머니에 집어넣었어요. 그러고는 동 박사가 다가오기만 해도 "가까이 오지 마요!" 하고 주먹을 쥐고 발차기를 할 자세를 취했지요.

동 박사는 어쩐지 이상한 점이 많은 사람이었어요. 동 박사가 보여주는 물건들은 아주 오래된 낡은 물건들이고, 디지털카메라도 모르고 스마트 폰도 몰랐어요. 재민이는 무심코 벽에 걸린 달력을 바라보았어요. 1929년이라는 글자가 눈에 들어왔어요.

'뭐야, 저 박사라는 사람……. 어딘가 수상해!'

앗, 사진이 움직여요

31

불법 다운로드, 과연 막을 수 없을까?

시네마토그래프를 발명한 뤼미에르 형제는 자신의 발명품을 가리켜 '미래가 없다'고 말했다. 자신들의 발명품이 엄청난 규모의 영화 산업으로 발전시켰다는 사실을 알게 되면 어떤 기분이 들까?

1895년 뤼미에르 형제가 상영했던 영화의 관람료는 1프랑이었다. 관람 가격이 비싸더라도 사람들은 새로운 볼거리에 크게 즐거워하며 꾸준히 영화 상영장을 찾았다. 영화 산업의 발전은 영화 제작자들의 노력뿐만 아니라 사람들의 관심에 있었다.

오늘날에는 장소나 시간의 제한 없이 영화를 볼 수 있는 기회가 많아졌다. 주변 사람들이 웹하드 등으로 보내 준 영화를 본 적도 있을 것이다. 방법이 쉽다 보니 영화 파일을 내려받는 일도 대수롭지 않은 것으로 생각하는 사람들이 많다.

하지만 영화 한 편을 관람하려면 관람료를 내야 한다. 무료로 제공되는 영화가 아니라면 인터넷이나 복제 DVD로 영화를 보는 일은 도둑질과 다름없는 범죄에 해당한다.

음악처럼 영화 역시 불법 다운로드로 몸살을 앓고 있다. 영화는 많은 돈을 들여 제작진과 배우 등이 함께 만드는 종합 예술이다. 제작진의 땀이 배인 창작물을 정당한 대가 없이 보는 행동은 명백히 불법이지만, 캠페인과 단속에도 쉽게 사그라들지 않는다.

1896년 영화 상영 포스터 「정원사 골탕 먹이기」라는 짧은 영화를 보며 즐거워하는 모습을 표현했다.

월트 디즈니 픽처스의 「겨울왕국」은 수입되기도 전에 영상 파일이 우리나라 인터넷에 퍼졌다. 외국에서 불법으로 퍼뜨린 영화 파일이 아주 빠른 속도로 우리나라로 퍼졌고, 누군가(?)의 노력으로 만든 한글 자막까지 더해져 너도나도 볼 수 있게 되었다.

양우석 감독의 「변호인」도 불법 다운로드에서 자유롭지 못했다. 관객 가운데 누군가가 영화관에서 몰래 촬영한 영화 장면이 그대로 퍼지면서 영화 제작사가 피해를 떠안았. 영화 진흥 위원회는 2013년에 온라인 영화 불법 시장의 규모를 연간 3조 7000억 원으로 파악했다. 저작권 보호 센터는 2013년 한 해 동안 우리나라 국민의 3분의 1이 불법 복제물을 사용했다는 자료를 내놨다. 불법 다운로드는 2008년까지 차츰 줄어드는 추세에 있다가 2009년부터 다시 부쩍 늘어났다. 스마트 폰을 사용하는 사람들이 늘어나면서 불법 다운로드 횟수 역시 늘어나는 추세이다.

2013년에 개봉한 양우석 감독의 「변호인」

이러한 행동은 영화를 만드는 사람들에게 금전적인 피해를 줄 뿐 아니라 좋은 영화를 만들 의욕 마저 잃게 한다. 불법 다운로드는 과연 막을 수 없을까?

누가 신통방통한 기기를 발명했을까?

정지된 사진이 움직이는 사진으로 발전되어 영화를 볼 수 있게 된 것은 많은 사람의 노력 덕분이었어요. 영화의 발전에 기여한 사람이 만든 발명품을 알아봐요.

에디슨 ★   다게르 ★   뤼미에르 형제 ★   마이브리지 ★

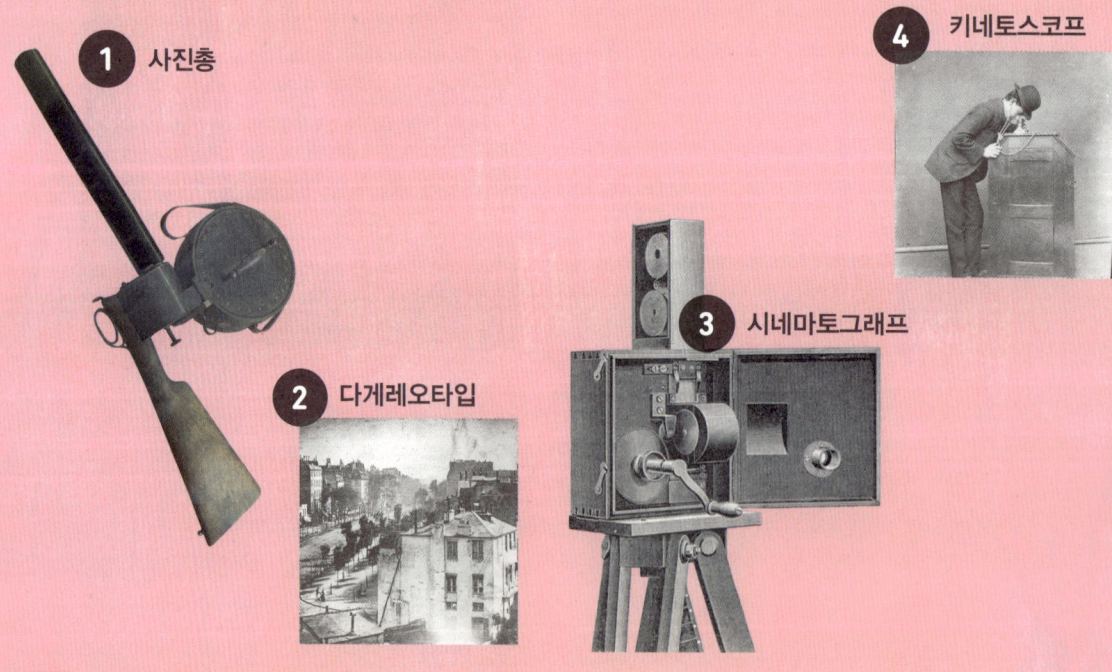

1 사진총
2 다게레오타입
3 시네마토그래프
4 키네토스코프

+ 지식 플러스 다게레오타입은 최초로 사람들 사이에 널리 사용된 사진술(실제 모습을 필름 등에 담는 과정)이에요.

정답 에디슨 – ❹, 다게르 – ❷, 뤼미에르 형제 – ❸, 마이브리지 – ❶

2장

우아, 소리가 들려요

 재미있는 효과음의 세계

밤새 마을은 아수라장이 되었어요. 큰 소리가 쾅! 하고 여러 차례 들렸고, 한 농장의 닭과 오리들이 떼죽음을 당했다지 뭐예요. 또 다른 농장의 소와 돼지들은 꾸역꾸역 토하고, 하늘을 날던 새들도 우수수 땅으로 곤두박질쳤어요. 온 동네 개들이 왈왈 사납게 짖어 댔어요.

아침 일찍 학교에 온 아이들은 어젯밤에 있었던 일에 관해 이야기하느라 정신이 없었어요. 재민이와 민우 역시 마찬가지였어요.

"특급 비밀인데 말이야. 어제 우리 아빠가 그러는데 어젯밤에 수상한 사람을 본 아이가 있대. 여자아이라고 했는데 누군지는 모르겠어."

민우가 재민이에게 소곤소곤 말을 건넸어요. 그때 서윤이가 재민이 앞으로 불쑥 다가왔어요. 재민이가 헛기침을 하자 서윤이가 눈살을 찌푸렸어요.

"너희 둘, 어제 유령 극장에 갔지?"

약속이라도 한 듯 재민이와 민우는 능청스럽게 아니라고 말했어요. 그러자 서윤이가 민우를 향해 쏘아붙이듯 되물었어요. 그 바람에 민우는 자신도 모르게 고개를 끄덕이고 말았어요.

"너희도 그 수상한 사람을 본 거야?"

"잠깐, 너희도라니? 혹시 어제 수상한 사람을 봤다고 신고한 여자애가 서윤이 너였어?"

재민이가 묻자 서윤이는 수상한 사람을 봤는지만 대답하라며 말을 가

로막았어요. 민우는 수상한 사람 대신 특이한 박사님 한 분을 만났다고 털어놨어요. 민우의 말에 갑자기 서윤이는 손으로 턱을 괴고 생각에 잠긴 듯했어요. 재민이는 어젯밤에 서윤이가 본 것이 뭔지 궁금했어요.

"이서윤! 이제 네가 답할 차례야. 어젯밤에 네가 봤다는 게 대체 뭐야?"

재민이가 강하게 몰아세우자 서윤이는 말꼬리를 흐트리더니 고개를 세차게 흔들었어요. 뭔가 생각하기 싫은 것을 떠올린 듯 진저리 쳤어요.

"그건 틀림없이 유령이었어!"

"에이, 그곳엔 유령 같은 건 없었어. 우리가 샅샅이 찾아봤다니까."

"아냐, 틀림없어!"

재민이는 서윤이에게 방과 후에 같이 극장으로 가 보자고 했어요. 순간 서윤이의 얼굴빛이 새파랗게 질렸어요. 재민이가 약한 척한다며 약올리자 서윤이는 입술을 잘근 깨물더니 좋다고 했어요.

재민이와 민우, 서윤이는 약속 시간에 맞춰 유령 극장 앞에 모였어요. 재민이와 민우는 아주 익숙하게 극장 복도를 가로질러 작은 문을 열고 들어갔어요. 서윤이는 재민이와 민우의 뒤를 따라 걸었어요.

"박사님!"

"오, 너희구나."

동 박사는 때맞춰 잘 왔다며 맞이했어요. 서윤이는 반갑게 맞이하는 동 박사, 재민이와 민우를 멀뚱멀뚱 쳐다보기만 했어요.

"내가 아주 특별한 걸 보여 주마."

동 박사는 필름 더미 속에서 무언가를 쑤욱 꺼내더니 영사기에 넣었어요. 곧이어 어디선가 느릿한 음악 소리가 들려왔어요. 마을 저 멀리서 나는 소리 같기도 하고, 복도 끝에서 나는 소리 같기도 했어요.

"이게 어디서 나는 소리지?"

"크크크, 놀라지 마라. 이건 바로 영화에서 나는 소리란다."

아이들은 대수롭지 않은 듯한 표정으로 주변을 살폈어요.

"뭐야, 별로 놀라지 않은 눈치잖아?"

아이들은 영화니까 소리 나는 게 당연하다고 했어요.

"영화가 처음 나왔을 때는 소리가 나지 않았어. 영화를 보며 소리를 듣는 건 기적이었어!"

"에? 소리도 안 나는 영화를 무슨 재미로 봐요?"

옛날에는 소리가 나오지 않았기 때문에 대사를 써서 필름에다 붙여 넣었어요. 그러면 오늘날 자막처럼 영상 아래쪽에 글자가 보였어요. 대사를 써서 붙이는 일은 엄청난 집중력과 조심성을 필요로 하는 작업이었어요. 자칫하다가는 필름을 상처 내거나 망가트릴 수 있거든요. 그래서 영화 속 등장인물들이 하는 말을 직접 실감나게 대사를 읽어 주는 사람이 필요했어요. 변사는 영화 속 주인공들의 말이나 감정을 성우 라디오나 드라마, 영화 등에서 목소리만 들려주는 배우처럼 관객들에게 전달해 주는 사람이었어요.

소리가 나오지 않는 영화를 무성 영화, 소리가 나오는 영화를 유성 영화라고 해요. 영화에 소리가 나기 시작한 것은 1927년이었어요.

"에계, 영화에 소리가 나기 시작한 게 100년도 안 된 일이라고요?"

"그래, 생각보다 오래되지 않았지?"

동 박사는 껄껄 명랑한 웃음을 터트렸어요. 그러더니 갑자기 얼굴 표정을 바꾸더니 무섭게 소리쳤어요.

"잠깐 기다려요! 아직 아무 것도 못 들었잖아요! 기다리라니까요!"

아이들은 모두 눈이 동그래졌어요.

 녹음할 수 있는 축음기가 발명되면서 「재즈 싱어」와 같은 유성 영화가 등장할 수 있었다.

「재즈 싱어」 한 장면 주인공으로 캐스팅된 알 졸슨이 노래하는 모습이다.   앨런 크로스랜드 감독, 「재즈 싱어」(1927년)

"이건 최초의 유성 영화 「재즈 싱어」에서 녹음한 첫 번째 대사야. 주인공이 말하는 장면은 2컷에 불과했지만, 관객들은 등장인물들이 마치 살아 있는 것처럼 느껴졌단다."

동 박사는 감격한 듯 몸을 부르르 떨었어요. 그 모습을 본 서윤이가 눈썹을 치켜세우며 중얼거렸어요.

"영화에 소리를 넣는 게 뭐 그렇게 어려운 일이라고 호들갑이람."

서윤이는 도도한 목소리로 비아냥거리듯 말했어요. 그 말을 들은 동 박사는 발끈했어요.

"무슨 소리! 영화에 소리를 넣는 게 얼마나 어려운 일인데! 그건 첨단 과학 기술이 있어야만 가능한 거란 말이다."

과학자들은 우선 소음불쾌하고 시끄러운 소리이나 잡음청취를 방해하는 소리은 줄이고 영화에 꼭 필요한 소리만 녹음하려고 방음 장치를 만들었어요. 방음한 상태에서 원하는 소리만 골라서 녹음할 수 있는 지향성 마이크를 사용하면 마치 눈앞에서 실제로 주인공이 말하는 듯한 소리를 얻을 수 있어요.

"과학자들은 구둣발 소리, 빗소리, 바람 소리 등을 잘 잡아내려고 온갖 연구를 다했어! 새 소리, 문소리, 자동차 소리는 그냥 실제로 나는 소리를 녹음한 게 아니야. 등장인물의 대사 말고는 모두 음향 효과를 거쳐서 만들어진 거란다."

"그게 모두 가짜 소리예요?"

서윤이의 말에 동 박사는 어깨를 으쓱하고 말을 이었어요.

"글쎄, 진짜일까? 가짜일까?"

재민이와 민우가 머뭇거리자 서윤이가 설명을 재촉했어요.

"음향 효과는 참으로 신기해. 소리야말로 진짜가 가짜 같고, 가짜가 진짜 같거든. 진짜 소리를 그대로 녹음해서 사람들에게 들려주면 진짜가 아니라고 해. 실감이 덜 나거든. 반면, 비슷하게 만든 소리를 녹음해서 들려주면 사람들은 그게 진짜라고 말해. 새가 지저귀는 소리, 누군가 뛰어가는 소리, 삐거덕 문을 닫는 소리, 부르릉 자동차가 출발하는 소리는 모두 음향 효과야."

"우리가 영화를 볼 때 듣는 소리는 모두 가짜란

지향성 마이크 특정한 방향에서 들려오는 소리(특히 앞쪽 소리)만 골라서 녹음할 수 있도록 만든 마이크이다.

말씀이죠?"

"그래, 우리가 영화 속에서 듣는 소리는……."

"이런 사기꾼들!"

서윤이가 흥분한 듯 주먹을 꽉 움켜쥐었어요. 영화 제작자가 눈앞에 있다면 당장이라도 멱살을 잡을 기세였어요. 재민이가 서윤이를 향해 "워, 워!" 하며 손을 흔들었어요. 서윤이는 헛기침을 하더니 고개를 휙 돌렸어요.

"일상생활 속에서 듣는 소리를 진짜처럼 비슷하게 소리를 만드는 사람들은 정말 멋진 것 같아!"

민우의 말에 재민이도 고개를 끄덕였어요.

영화의 절반을 완성하는 효과음의 세계

영화 「어벤저스」, 「겨울왕국」, 「트랜스포머」 등을 떠올려 보면 우선 화려한 그래픽이 눈앞에 그려질 거예요. 그런데 이러한 영화를 볼 때 대사만 들을 수 있다고 상상해 봐요. 영화를 보는 감동이 절반으로 뚝 떨어질 거예요. 실감 나는 효과음은 어떻게 만든 걸까요?

볼기 치는 소리
드라마에서 종종 들을 수 있는 볼기 치는 소리는 삼겹살 뭉치를 쳐서 나는 소리예요.

칼싸움하는 소리
칼을 휘두를 때 나는 소리의 정체는 낚싯대예요. 낚싯대를 휘두르는 소리를 녹음해서 칼 휘두를 때 내보내요. 또 칼이 부딪칠 때 챙챙, 키익 하는 소리는 시멘트를 바를 때 쓰는 흙손을 서로 부딪치면 얻을 수 있어요.

뺨을 때리는 소리
뺨을 때리는 소리는 박수 소리와 비슷해요.

눈 밟는 소리
눈을 밟을 때 나는 소리는 녹말가루를 손에 쥐고 비비면 나는 소리예요.

탁!

자동차 문 닫는 소리
보온밥통을 열어서 세게 닫으면 자동차 문을 닫는 소리와 비슷하게 들려요.

얼음 깨지는 소리
스카치테이프를 유리 위에 붙였다가 떼어 내면 얼음 깨지는 소리가 나요.

쩌어억

소리는 떨림으로 나는 거야

"참, 그런데 날 찾아온 이유가 뭐냐? 그것도 두 번씩이나. 그나저나 이 팍팍한 여자아이는 누구니?"

동 박사가 필름을 정리하며 물었어요. 필름을 차곡차곡 쌓을 때마다 뽀얀 먼지가 일어났어요.

"팍팍하다뇨? 이서윤이라고 해요. 근데, 이 극장에는 유령이 있어요."

"뭐?"

"정말이에요. 제가 어제 유령이 내는 소리를 들었어요."

서윤이는 어젯밤 마을 광장에서 낯선 사람을 만났던 사실을 말했어요. 사람들 사이에서 음침한 웃음을 짓던 그 사람은 서윤이가 훔쳐보고 있다는 것을 알아채자 극장 쪽으로 서둘러 갔어요. 서윤이는 그 사람을 뒤쫓다가 극장 유리문에 비친 이상한 형체를 보았다고 했어요.

"그게 유령이라고 단정할 수는 없잖니?"

"웃음소리……. 제 귀로 똑똑히 들었어요. 그렇게 날카롭고 끔찍한 소리를 낼 수 있는 건 유령밖에 없을 거예요."

동 박사는 멈칫하더니 '푸하하!' 웃음을 터트렸어요. 서윤이가 떫은 표정으로 동 박사를 바라보았어요.

"유령은 소리를 낼 수 없어."

"어째서요?"

"소리가 왜 생기는 거라고 생각하니?"

우리는 일어나서 잠들기까지 수없이 많은 소리를 듣게 돼요. 주변에는 자동차가 달릴 때 나는 소리, 매미가 우는 소리, 의자 바퀴에서 나는 소

헝당 스크립터의 메모

달에서는 소리를 들을 수 없다?

지구에서 들을 수 있는 소리가 달에서는 들리지 않아요. 달에서는 금붕어처럼 그냥 입만 벙긋벙긋하는 것으로 보일 뿐이에요. 소리는 보통 공기로 전달되는데 달처럼 공기가 없으면 소리가 전달되지 않아 우리는 어떤 소리도 들을 수 없어요. 우리가 내는 말소리는 성대가 떨리면서 공기에 그 힘이 전달되어 물결처럼 퍼져나가요. 소리를 담은 공기는 주변 사람들의 귀로 들어가 고막을 진동시켜요. 이러한 소리의 정보가 뇌로 전달되어 소리를 들을 수 있게 되는 거예요.

물속엔 공기가 없는데 어떻게 소리가 들리는 걸까요? 물도 공기처럼 소리를 전달해요. 하지만 물은 공기보다 소리를 전달하는 거리가 짧아요. 공기와 물뿐만 아니라 철이나 나무 같은 물질도 소리를 전달해요. 이렇게 소리를 전달하는 물질을 가리켜 '매질'이라고 해요.

소리굽쇠 막대로 두드리면 쇠가 주변 공기를 진동시켜 일정한 소리를 낸다. 악기의 음높이를 맞출 때 사용하는 도구이다.

리, 옆집에서 나는 피아노 소리, 엄마의 지겨운 잔소리까지 세상은 온갖 소리들로 가득 차 있지요.

"소리에는 한 가지 공통점이 있단다."

"그게 뭔데요?"

재민이가 물었어요.

"바로 모두 떨림 때문에 생긴다는 거지."

"왜요? 소리가 겁을 먹었나요?"

민우가 묻자 동 박사가 핀잔을 줬어요.

"쯔쯔, 무서워서 떠는 게 아니에요. 기타에서는 어떻게 소리가 날까? 그건 기타 줄이 떨기 때문이야. 북을 두드리면 소리가 나는 건 북이 떨기 때문이지. 스피커에 손을 대 봐. 스피커가 떨리는 걸 느낄 수 있을 거야."

유령이다~~

조심해~~~.

"남자의 성대는 여자보다 평균 2cm 정도 더 길고 굵어. 어린이와 여성의 성대는 가늘고 짧아서 소리의 진동수가 많단다."

"쟤들이 뭐라고 하는 걸까요?"

"근데 저는 지금 떨지 않는데도 목소리를 낼 수 있잖아요."

민우가 억울하다는 듯 소리쳤어요.

"천만에. 네 몸은 떨지 않지만 성대가 덜덜 떨고 있을 거야. 손을 목에 대고 소리를 내 봐. 목의 진동이 느껴질 거야. 목 안에 있는 성대가 떨면서 소리를 내기 때문이지."

"피리는 떨지 않잖아요!"

이번에는 서윤이가 눈동자를 또르르 굴리며 말했어요. 절대 떨지 않고도 소리 내는 것을 찾겠다는 듯 단호한 표정이었어요.

"피리를 불 때 피리가 떨지 않는다고? 피리 안에 있는 공기가 진동하면서 소리를 낸단다. 세상의 모든 소리는 공기나 물과 같이 소리를 전달하는 물질이 떨리면서 들리는 거야."

"그런데 그게 유령이랑 무슨 상관이에요?"

서윤이는 이해할 수 없다는 듯이 말했어요.

"생각해 봐. 유령의 몸은 붙잡을 수 없어. 연기일 뿐이니까 떨 수가 없다고!"

"하지만 분명히 소리를 들었어요. 아주 끔찍한 소리였단 말이에요."

서윤이가 큰 소리로 말했어요.

"그런 소리일 리 없다니까."

"음, 혹시 누군가 소리를 녹음해 둔 것을 튼 게 아닐까요?"

"녹음이라……. 그거라면 가능할 수 있겠구나."

소리를 저장하는 녹음기를 발명한 과학자는 에디슨이에요. 에디슨은 레코드판에다가 녹음을 하고 원하는 노래를 계속해서 들을 수 있는 장치를 만들었어요. 레코드판은 흔히 엘피(LP)라고 부르는데 둥근 모양을 한 검은색 플라스틱판이에요. 요즘에는 '시디(CD)'라고 부르는 콤팩트디스크가 더 많이 쓰여요.

토킹 머신 1877년 에디슨이 발명한 축음기

레코드판(LP) 아주 가늘게 파인 홈이 둥글게 나 있는데 이 홈에 소리를 저장하고, 재생 장치를 이용해 소리를 낸다.

콤팩트디스크(CD) 네덜란드의 필립스 사가 개발한 것으로 레코드판보다 훨씬 크기가 작으며 더 많은 소리를 저장할 수 있다. 최근 CD보다 더 많은 소리와 정보를 담을 수 있는 DVD 저장 매체가 개발되어 널리 쓰인다.

"흠, 대체 누가 그런 짓을 한다는 거냐?"

동 박사는 되물으면서 서윤이가 뭔가 착각한 것이라고 했어요. 하지만 재민이는 동 박사의 행동이 어딘가 수상하다고 생각했어요. 자꾸 손사래 치며 서윤이의 말을 가로막고 눈동자가 자주 흔들리며 혀끝으로 입술을 핥는 행동을 자주 보였거든요.

'저건 범인들이 거짓말할 때 보이는 행동들인데……'

의심으로 가득 찬 재민이가 서윤이에게 이상한 소리에 관해 물었어요. 서윤이가 가늘고 높은 음으로 들렸다며 설명했지만 동 박사는 그건 유령의 목소리가 아니라고 했어요. 재민이는 동 박사의 말을 그저 듣기만 했어요.

"소리에는 높은 소리와 낮은 소리가 있어. 소리는 물체 길이가 짧을수록 높아지지만 길어질수록 낮아져. 짧은 물체에서 높은 소리가 나는 건 물체가 진동하는 횟수가 많기 때문이야."

"어? 박사님 이상한 게 있어요. 저는 키도 큰데 왜 이렇게 목소리가 가는 거예요?"

민우가 머리를 긁적이며 물었어요.

"그, 그건 네 성대가 짧고 성대의 진동수_{정해진 시간 동안 물체가 진동하는 횟수}가 아주 많기 때문이야. 진동수가 많으면 높은 소리가 나고, 진동수가 적으면 낮은 소리가 난단다. 남자보다 여자가 높은 소리를 내는 건 여자의 성대가 남자보다 훨씬 짧기 때문이지."

"헉, 내 성대가 짧다니!"

민우는 자기 목을 만지작거렸어요.

"기운 내렴, 넌 목소리가 남자답지 못하게 높은 대신 목소리가 크잖니."

"소리가 크다는 것도 성대가 진동을 많이 한다는 거 아니에요?"

민우는 동 박사의 말이 끝나자마자 질문을 쏟아냈어요.

"음, 쉽게 설명해서 피아노의 건반 있지? 가령 솔을 누를 때 약하게 누르면 작게 소리가 나고, 세게 누르면 크게 소리가 날 거야. 그럼 솔을 약하게 눌렀을 때와 세게 눌렀을 때 진동수는 어느 경우가 더 많을까?"

"세게 두드렸을 때요!"

"땡! 진동수는 둘 다 똑같아. 똑같은 솔이기 때문에 소리의 높낮이는 똑같은 거야. 대신 진동하는 폭, 즉 너비가 다르지. 이걸 진폭이라고 한단다."

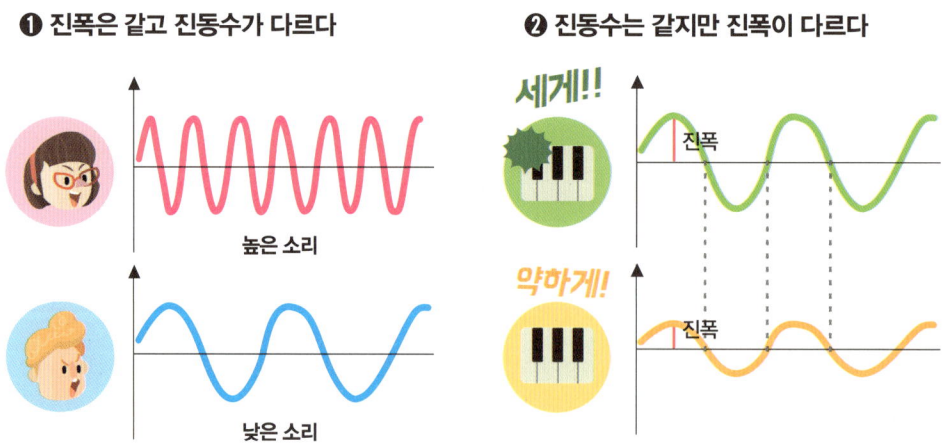

그때 재민이가 눈을 번뜩이며 명탐정 코난이라도 된 듯 물었어요.

"박사님, 왜 유령이 남자일 거라고 생각하세요?"

"어?"

"서윤이는 남자 유령을 봤다고 말한 적이 없어요. 그런데 왜 박사님은 남자일 거라고 말씀하세요?"

"그, 그건……."

동 박사는 이마에 흐르는 식은땀을 연신 훔쳤어요.

소리 만들기

영화 볼 때 소리가 들리지 않는다면? 우리도 영화 속 효과를 만들어 봐요.
영화 속 장면에 어울리는 효과음을 내기 위한 방법을 찾아볼까요?

① 풀밭에서 뛰어가는 소리 ② 빗소리

- 종이컵 안에 소금을 뿌리면 어떤 소리가 날까?
- 밥그릇 두 개를 서로 부딪쳐 볼까?
- 테이프를 발로 밟아 볼까?
- 밀가루를 손으로 주무르면 어떨까?
- 낚싯대를 휘둘러 볼까?

지식 플러스 카세트테이프나 비디오테이프 뭉치를 발로 밟으면 풀밭을 걷는 소리처럼 들리고, 손으로 비비면 장작 타는 소리처럼 들려요. 빗소리는 아무것도 없는 종이컵 안에 소금을 뿌리면 빗소리처럼 들려요. 샤워기에서 떨어지는 물소리도 빗소리처럼 들리기도 하지요.

정답 ❶ 테이프를 밟는다. ❷ 소금을 바닥에 뿌린다.

3장
알록달록 색깔을 입혀요

 컬러로 빛나는 영화

"솔직히 말씀해 주세요! 박사님께서는 유령이 누군지 알고 있죠?"

재민이가 몰아세우듯 묻자 동 박사는 도망치듯 뒷걸음질 쳤어요. 뒤질세라 민우가 동 박사의 팔을 붙잡았어요.

"이거 놔!"

"말씀하기 전까진 못 놔요. 마을에서 일어난 사건들은 박사님께서 꾸민 일이었어요?"

"아냐, 아냐! 내가 그런 게 아니야."

동 박사는 발버둥 쳤어요. 하지만 우람한 민우의 손아귀를 빠져나갈 수 없었어요. 재민이는 서윤이에게 당장 경찰에게 신고하라고 소리쳤어요. 서윤이가 휴대 전화를 꺼내려는 그때였어요.

"난 아무 죄가 없어. 난 단지……. 단지 이 극장을 구하려고 했을 뿐이야."

"그게 무슨 말씀이에요?"

깜짝 놀라듯 아이들이 입을 모았어요. 동 박사는 한숨을 몰아쉰 뒤 잠잠히 있다가 말을 꺼냈어요.

"얼마 전부터 자꾸 이 극장에 몹쓸 사람들이 찾아오기 시작했어. 이 극장을 허물고 백화점인지 뭔지를 세우겠다지 뭐야. 그럴 순 없었어. 내가 이 극장에 쏟아부은 정성이 얼만데!"

동 박사는 그 몹쓸 사람들의 협박을 자주 받았다고 했어요.

"유령이 나타난다는 소문이 돌자 이곳을 찾는 사람도 뚝 끊겼어."

"마을에서 벌어진 이상한 일이 모두 몹쓸 사람들 짓이라는 거예요?"

"그래! 저 놈들은 하루라도 빨리 유령 극장을 없애야 마을에서 일어나는 이상한 일이 없어질 거라고 떠들고 다녔어. 그래도 난 꿋꿋하게 버텼어. 이 극장은 내 목숨보다 소중한 곳이었거든. 그랬더니……."

동 박사를 괴롭히려고 낯선 사람들이 아들을 어디론가 끌고 가 버렸다지 뭐예요. 동 박사는 글썽글썽 눈물이 괸 눈으로 사진 한 장을 내밀었어요. 낡은 사진 속에는 박사를 쏙 빼닮은 까까머리 아이가 극장 앞에 서 있었어요.

알록달록 색깔이 입혀요

"사진 속에 이 영화는 언제 상영된 거지? 엄청 오래된 것 같아."

재민이가 중얼거리자 서윤이가 불쑥 고개를 내밀더니 맞장구를 쳤어요.

"그러게. 요즘 영화 같지가 않아."

"그래, 신기하기도 하겠지. 그건 컬러 영화라는 거란다. 흑백 영화 말고 컬러로 된 영화 말이야. 이건 빛의 원리, 색의 온도 등을 이용해서 표현한 거야. 소리를 더한 일만큼이나 어려운 작업이지. 내가 최초의 컬러 영화를 만들었을 때 아들이 얼마나 기뻐했는지 몰라. 기뻐서 방방 날뛰던 모습이 아직도 눈에 선하구나."

동 박사는 옛 추억을 떠올리듯 눈을 감고 말했어요. 그 모습을 본 재민이와 서윤이는 귓속말로 소곤거렸어요.

"야, 저 박사님 말이야, 어딘가 좀 이상하지 않냐?"

"그래, 3D 영화가 나온 지가 언젠데 왜 저런 이야기를 하는 거지?"

그때였어요. 동 박사가 인심 쓰듯 말했어요.

"컬러 영화를 보고 싶다면 따라와 봐."

동 박사가 한쪽 벽에 걸린 커다란 액자를 떼어 내자 작은 문이 나타났어요. 동 박사는 빗장을 열더니 조심스럽게 문을 열었어요.

"너희에게 은막을 볼 수 있는 행운을 주겠어."

"은막이요?"

"저런, 은막의 뜻도 모르는 거니? 영화관에 있는 스크린을 은막이라고 해. 은막은 은색 빛이 나는 천이란 뜻이야."

옛날에는 실제로 은가루를 뿌린 스크린을 사용했어요. 스크린이 반짝일수록 빛이 잘 반사돼 관객들은 밝고 선명한 화면을 볼 수 있어요.

아이들과 동 박사는 작은 구멍이 촘촘하게 뚫려 있는 커다란 막 앞에 섰어요. 민우가 놀란 듯 소리질렀어요.

"박사님, 누가 구멍을 뚫어 놨어요!"

"하하, 이건 일부러 뚫어 놓은 구멍이란다. 스크린 뒤에 스피커가 여러 대 설치돼 있거든. 이 구멍은 소리를 잘 전달하려고 뚫어 놓은 거란다."

동 박사는 스크린을 보물처럼 쓰다듬으며 어깨를 으쓱했어요.

"자세히 보니 스크린이 비스듬하게 누워 있는 것 같아요. 그렇죠?"

서윤이가 묻자 동 박사는 "빙고!" 하고 손으로 총을 쏘는 시늉을 했어요.

"넌 정말 관찰력이 좋구나. 사실 영화관의 스크린은 비스듬히 설치되어 있어. 각도가 작아서 얼핏 보면 잘 알아차리기 어렵지. 스크린 맞은쪽에는 객석보다 더 높은 곳에 영상을 비추는 영사기가 있어. 스크린이 비스듬하지 않고 반듯하게 세워져 있으면……."

동 박사의 설명을 듣던 서윤이가 말을 가로채듯 이었어요.

"스크린에 나타난 영상이 직사각형이 아니라 아래쪽이 넓은 사다리꼴 같이 될 거 같아요."

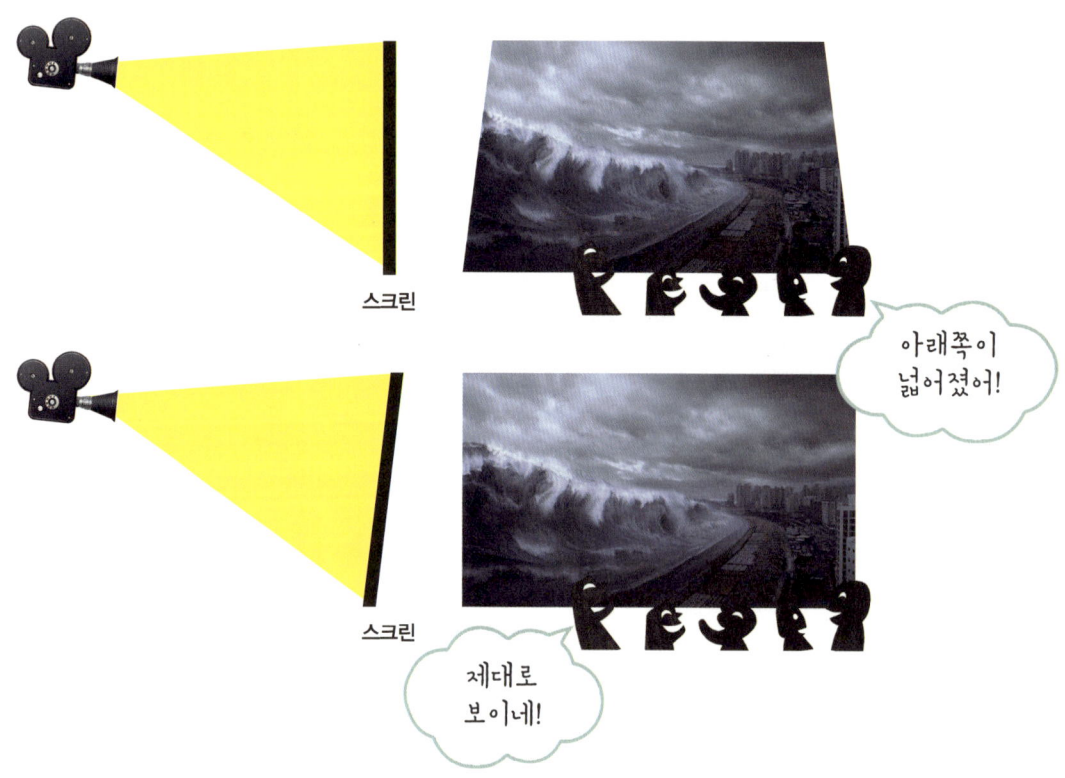

"그래! 화면을 직사각형으로 반듯하게 비추려고 스크린을 약간 비스듬하게 기울여 놓은 거야."

동 박사는 영사실 쪽으로 가서 영사기에 필름을 걸어 넣었어요. 곧이어 세 가지 색깔로 된 영화가 은막에 펼쳐졌어요.

맨 처음 컬러 영화는 흑백 필름 위에 붓으로 색칠해서 만들었어요. 필름을 물감으로 물들이는 방법도 썼어요. 이런 방식으로 컬러 영화를 만들면 시간도 많이 걸리고, 다양한 색깔을 표현할 수가 없었어요.

"전문가들은 영화에 색을 표현하기 위한 연구를 계속했어. 색을 찍을 수 있는 필름을 만들면 된다고 결론을 내렸지. 아, 최근에 미국의 사진 기술자인 조지 이스트먼이 컬러용 필름을 발명했다더군. 컬러용 필름의 발명으로 사진은 물론 영화까지도 다양한 색을 표현할 수 있게 되었으니 생각만 해도 설레는 얘기지? 생각해 봐. 온통 검은색, 하얀색밖에 볼 수 없었던 영화가 세상의 아름다운 색을 그대로 나타낸다니!"

"박사님, 그거 엄청 오래전 얘기 아닌가요?"

재민이랑 서윤이가 고개를 갸웃했어요.

"그게 무슨 소리냐?"

"그러니까 요즘은 컬러 영화 같은 건 얼마든지……."

재민이가 말하는 사이 우당탕탕 소리가 났어요. 고개를 돌려 보니 민우가 한쪽 벽에 쌓인 약품 통을 무너트린 채 발을 동동 구르고 있었어요.

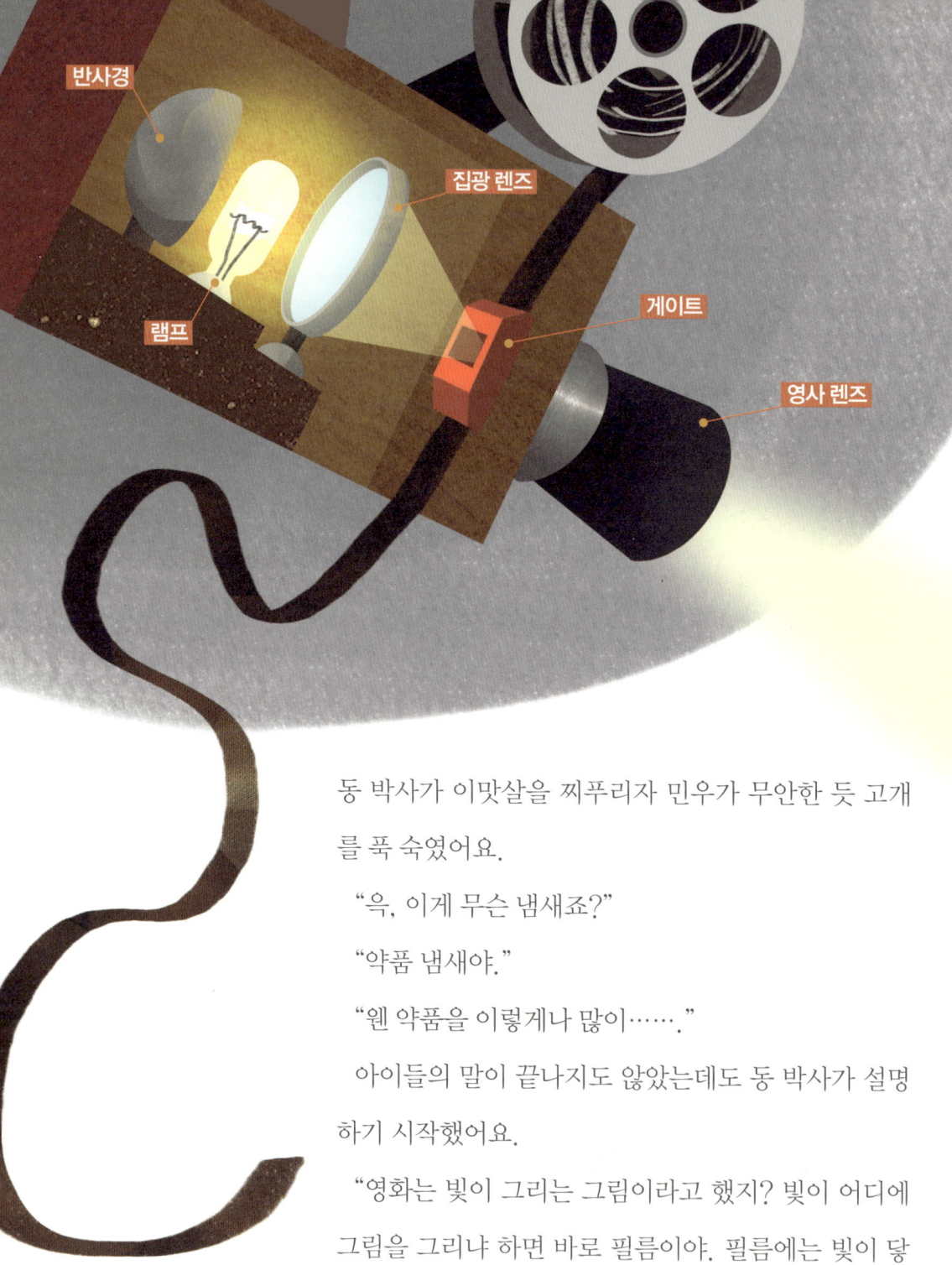

동 박사가 이맛살을 찌푸리자 민우가 무안한 듯 고개를 푹 숙였어요.

"윽, 이게 무슨 냄새죠?"

"약품 냄새야."

"웬 약품을 이렇게나 많이……."

아이들의 말이 끝나지도 않았는데도 동 박사가 설명하기 시작했어요.

"영화는 빛이 그리는 그림이라고 했지? 빛이 어디에 그림을 그리냐 하면 바로 필름이야. 필름에는 빛이 닿으면 다른 물질로 변하면서 굳어 버리는 특수한 약품이 묻어 있어. 필름을 카메라에 넣고 촬영하면 카메라로 들어온 빛이 필름에 찍히는 거야. 빛이 많이 들어오면 밝게, 빛이 조금 들어오면 어둡게 찍히지."

"그런데요, 사람의 눈에서도 화학 약품이 나오나요? 그게 아니면 어떻게 색깔을 볼 수 있는 거예요?"

민우가 멋쩍게 물었어요. 동 박사는 쓰러진 약품 통을 제자리에 쌓으며 말했어요.

"휴, 사람의 눈 안에는 망막이란 게 있어. 이 망막 안에 있는 시세포는 간상세포와 원추 세포로 되어 있지. 간상세포는 밝기를 구별하게 해 주고 원추 세포는 색깔을 구분하게 해 주지. 원추 세포는 빨간색, 녹색, 파란색의 세 가지 색을 구분하거든. 이 원추 세포에 문제가 생기면 모든 색깔 또는 일부 색깔을 구분 못해."

"아, 그걸 색맹이라고 하죠?"

서윤이가 손뼉을 치며 말했어요.

"넌 정말 똑똑하구나."

동 박사는 서윤이가 사랑스러워 못 견디겠다는 표정이었지요.

"전 저희 반에 반 회장도 하고 있어요. 일 등을 도맡아 한다고요."

"넌 마치 옛날에 내가 좋아했던 아이를 꼭 닮았어. 그 애랑 나랑 강냉이를 나눠 먹으면서 놀던 때가 엊그제 같은데……. 가만, 그 애 이름이 뭐였

더라. 강……. 그래, 강복순이었어!"

"어쩜, 우리 할머니 이름이랑 똑같아요."

"그래? 그것 참 신기한 우연이구나."

우리는 물체를 어떻게 보는 걸까?

물체에서 반사된 빛이 각막, 동공, 수정체를 지나 망막에 모여요. 망막에 맺힌 상은 실제와 반대로 되어 있지만, 뇌에서는 바르게 알아차려요. 각막은 빛을 받아들이는 곳이며, 수정체는 빛을 굴절시켜 망막에 상이 맺히도록 해요. 동공은 빛의 양을 조절하고, 모양체는 수정체의 두께를 조절해요.

영화관의 화면 비율은 텔레비전과 왜 다를까?

영화관을 찾는 이유는 집에서 느낄 수 없는 화면의 크기와 사방에서 들리는 소리, 함께 모인 관객들의 반응 때문일 거예요. 무엇보다 영화관 전면에 가득 차지하는 거대한 화면은 영화에 빠져드는 데 큰 역할을 해요.

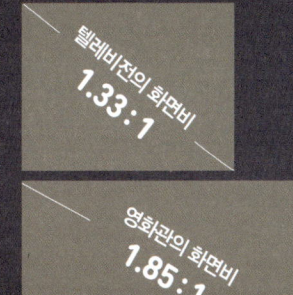

영화관의 화면은 집에서 보는 텔레비전과 크기도 다르지만, 가로세로의 비율도 달라요. 텔레비전은 정사각형에 가까운 모양을 하지만, 영화관 화면은 가로가 거의 세로의 2배에 이를 만큼 긴 직사각형이에요. 영화관의 화면비는 흔히 1.85:1인 반면 텔레비선의 화면비는 1.33:1(흔히 4:3으로 표현해요)이에요. 왜 이렇게 다를까요?

이 비밀을 알려면 텔레비전과 영화가 지난 시간 동안 경쟁해 온 역사를 알아야 해요. 영화는 텔레비전보다 훨씬 먼저 탄생했어요. 처음 영화가 등장했을 때에는 텔레비전과 똑같은 화면 비율이었어요. 영화가 처음 만들어졌을 때만 해도 사람들은 움직이는 화면을 보려고 구름떼같이 극장으로 몰려들었어요.

1950년대에 텔레비전이 등장하자 극장을 찾는 사람들이 뜸해졌어요. 집에서 편안히 누워 텔레비전을 보면 되기 때문에 사람들은 더는 극장에 갈 필요가 없었거든요. 손님을 빼앗긴 극장은 멋지고 화려한 볼거리를 줄 방법을 고민했어요. 한눈에 꽉 찰 만큼 화주 큰 화면을 만들어 영화를 보는 즐거움을 더했어요. 가로로 점점 길게 뻗은 결과 오늘날과 같은 화면 비율을 유지하게 되었어요. 최근에는 아주 거대한 회면 크기를 자랑하는 아이맥스 상영관이 등장해 관람객의 눈길을 끌고 있어요.

최근 텔레비전의 화면비도 바뀌는 추세예요. 요즘 나오는 텔레비전은 '와이드 비전'이란 1.78:1(흔히 16:9로 표현해요)의 화면비를 갖고 있어요.

74로 보인다면 원추 세포가 제 기능을 하는 거예요.

 ## 서서히 드러나는 음모의 실체

동 박사는 최초의 컬러 영화를 보여 주겠다고 했어요. 아이들은 모두 숨죽인 채 컬러 영화를 관람했지요. 아이들은 영화에 푹 빠져 시간 가는 줄도 몰랐어요. 갑자기 밖에서 우당탕 소리가 나더니 사람들 목소리가 들려왔어요.

"오늘은 꼭 이곳을 불 질러야 해!"

"유령 따위가 나타나도 물러서지 마."

아이들은 슬그머니 문을 열고 밖을 엿보았어요. 복도에는 우람한 아저씨들이 몇몇 서 있었어요.

"저, 저놈들이야! 내 아들을 납치하고 극장을 빼앗으려는 놈들!"

"저놈들이 유령 흉내를 냈다는 거예요?"

동 박사는 고개를 끄덕였어요. 그러자 민우가 주먹을 움켜쥐며 뛰어나갈 자세를 보였어요.

"기다려, 우리 힘으로는 저 아저씨들을 당할 수 없어."

그때였어요.

"영감, 당신이 여기 숨어 있다는 걸 다 알아! 그러니까 당장 나와!"

우람한 아저씨들이 쩌렁쩌렁 소리를 질렀어요. 동 박사는 겁에 질린 듯 다리를 달달달 떨었어요.

"여긴 사람이 살아서는 안 되는 곳이야. 이 자리는 백화점이 들어설 자리라고. 그러니까 당장 여기서 나가! 안 그러면 가만두지 않을 거야."

동 박사는 두 손으로 귀를 틀어막았어요.

"아! 이 극장을 내놓지 않으면 내 아들이 위험할지 몰라. 어쩌지?"

"침착해요, 박사님."

현장 스크립터의 메모

화면 색과 실제 색은 왜 다를까?

텔레비전에 나온 광고 속 물건을 보고 실제 매장으로 가서 보면 색깔이 조금 다르다는 것을 알게 돼요. 그리고 컴퓨터로 찾은 자료를 프린터기로 출력해서 비교해 보면 색깔의 차이가 확연히 나지요. 왜 이러한 일이 생기는 걸까요?
텔레비전과 휴대 전화로 보는 화면은 빨간색, 초록색, 파란색을 적절히 섞어서 표현돼요. 예를 들어 빨간색과 초록색을 같은 양만큼 섞으면 노란색이 만들어져요. 빨간색, 초록색, 파란색을 '빛의 삼원색'이라고 해요. 반면 물감으로 그림을 그릴 때 쓰는 빨간색, 파란색, 노란색은 색의 기본이 되는데 이를 '색의 삼원색'이라고 해요. 엄밀히 색을 구별하면 색의 삼원색 중 빨간색은 '마젠타'라는 이름으로, 파란색은 '사이안'이라는 이름으로 불려요. 색의 삼원색과 빛의 삼원색 가운데 빨간색과 파란색을 나란히 놓고 보면 서로 다른 색이라는 말이지요. 평소 부르는 색의 이름은 같아도 화면으로 보는 색과 실제로 보는 색은 서로 차이가 날 수밖에 없어요.

재민이는 주위를 두리번거리다가 카메라 한 대를 발견했어요.

"저 카메라는 작동되는 거예요?"

"몰라. 나도 모르는 물건이야."

동 박사는 고개를 가로저었어요. 겁에 질린 나머지 정신이 멀리 달아난 사람 같아 보였어요. 재민이는 민우에게 카메라를 내밀었어요.

"혹시 작동 방법을 알아낼 수 있겠어?"

민우는 카메라를 요리조리 살펴보더니 고개를 끄덕였어요. 재민이는 민우에게 카메라 녹화 버튼을 누르라고 했어요.

"뭘 어떻게 하려고?"

"내가 저 아저씨들의 자백_{자기가 저지른 잘못을 남들에게 스스로 말함}을 받아 낼게. 넌 그걸 영상으로 찍어."

"대체 왜?"

"증거가 있어야 마을 사람들이 우리 말을 믿어 줄 거 아니겠어? 부탁해, 민우야!"

재민이는 문을 발로 뻥 걷어차고 밖으로 나갔어요. 그러자 아저씨들의 시선이 모두 재민이 쪽으로 몰렸어요.

"넌 누구냐?"

"저는……, 저는 아저씨들이 한 일을 전부 다 알고 있어요!"

아저씨들은 알 수 없는 웃음만 지으며 조용히 있었어요.

"마을에서 벌어진 일들은 전부 아저씨들이 꾸민 거죠? 억지로 유령 소동을 꾸며서 이 극장을 없애려고 한다는 거 알아요."

"뭐?"

"아저씨들이 박사님의 아들을 납치해 갔다는 것도 알고 있어요. 당장 그 아이를 돌려 주세요!"

"저놈을 당장 잡아라!"

아저씨들이 재민이를 우르르 쫓아왔어요. 재민이는 힘껏 달렸지만 아저씨들의 걸음을 당할 수 없었지요.

"이거 놔요!" 하고 재민이는 손을 뿌리치려 했어요. 소용없자 재민이는 더 큰 소리로 물었어요.

"그러니까 제 말이 모두 사실인 거죠?"

"흐흐, 그렇다면 어쩔 건데?"

한 아저씨가 재민이를 한손으로 번쩍 들어 올리더니 기분 나쁜 미소를 지었어요. 재민이는 놓아 달라며 발버둥을 쳤어요.

"우린 이 자리에 백화점을 세우려는 사장님의 부탁을 받은 사람들이야. 이 극장을 없애야 하는데 극장 주인이 좀처럼 말을 듣지 않는 거야. 하는 수 없이 우리가 일을 꾸민 거지."

"그런 치사한 방법을 쓰다니!"

사람과 동물이 보는 색은 같을까, 다를까?

사람의 여러 감각 기관외부로부터 들어오는 자극을 알아내는 기관 가운데 눈을 통해 얻는 정보가 80%나 차지해요. 사람의 눈은 17,000여 가지의 색을 구분할 수 있고, 1km 떨어진 거리에서도 촛불을 알아볼 수 있어요.

반면 개는 사람에 비해 시력이 매우 떨어져요. 겨우 30~60cm 거리에 있는 물건만 또렷하게 볼 수 있어요. 그보다 가까운 거리에 있거나 멀리 떨어진 거리에 있으면 흐릿하게 보여요. 그리고 검은색, 회색, 파란색, 남색, 보라색 등 몇 가지 색깔만 구분할 수 있어요.

투우장에서 붉은 천으로 검은 소를 흥분시키는 것을 보면 소는 붉은색을 알아보는 것 같아요. 그러나 실제로는 경기를 관람하는 사람을 흥분시키기 위한 거예요. 소는 색깔을 구분하지 못하기 때문에 흰색 천을 흔들어도 똑같이 흥분해요.

곤충들 대부분은 파란색과 노란색은 구별할 수 있으나 붉은색은 잘 보지 못해요. 붉은색을 지닌 꽃은 색만으로는 곤충을 끌어들이지 못해요. 이런 꽃들은 곤충을 유인하기 위해 곤충이 볼 수 있는 다른 색을 내기도 해요.

재민이가 노려보았어요.

"백화점이 들어서는 게 마을을 위해서도 훨씬 좋은 일이야. 이런 음침한 극장 따위는 있어 봤자 아무 쓸모가 없다고!"

그때 서윤이가 2층 난간에 서서 소리를 빽 질렀어요. 서윤이의 갑작스러운 등장에 놀란 아저씨들이 멍하니 서 있었어요. 서윤이는 아저씨들을 향해 화학 약품을 와락 끼얹었어요. 약품을 뒤집어 쓴 아저씨들은 눈을 비비며 우왕좌왕했어요. 재민이는 그 틈에 재빨리 도망쳤어요. 그때 경찰 사이렌 소리가 들려왔어요.

놀란 아저씨들은 우물쭈물 망설이다가 밖으로 부랴부랴 도망쳤어요. 사이렌 소리는 민우의 휴대 전화에서 나는 벨 소리였어요. 재민이와 서윤이가 무사히 돌아오자 민우가 휴대 전화를 흔들며 씩 웃었어요.

"촬영은 잘됐지? 제대로 됐는지 확인해 보자."

아이들은 동 박사에게 영사기로 틀어 봐 달라고 부탁했어요.

"어디 보자, 우선 이 필름의 폭이 얼마인지 알아야 해. 필름은 폭의 길이에 따라 크게 4종류로 나뉘거든. 8mm, 16mm, 35mm, 70mm 이렇게 말이야."

"차이가 뭔데요?"

"필름의 폭이 작으면 작을수록 화질이 선명하지 않아. 그래서 8mm로 찍은 영화는 큰 화면으로 보면 뿌옇게 보여서 극장에서 상영할 수가 없어. 그래서 극장용 영화는 35mm를 많이 사용해."

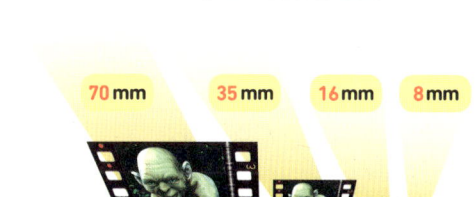

동 박사는 중얼거리며 필름을 영사기에 넣었어요.
그러자 재민이와 아저씨들이 이야기하는 장면이 스크린에 나타났어요.

"됐어, 이거면 저 아저씨들을 붙잡을 증거로 충분할 거야."

아이들은 서로 손뼉을 마주쳤어요.

우리나라의 영화사

우리나라에 처음 영화가 선보인 것은 언제일까요?
언제부터 우리나라의 영화 산업이 발전하기 시작했을까요?

1903년 6월 23일

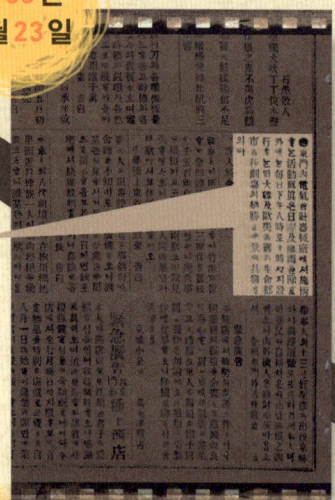

황성신문

황성신문, 영화 상영 광고가 실리다

동대문 안에 있는 전기 회사 '기계창'에서 활동사진은 일요일과 비오는 날을 제외하고 매일 저녁 8시에 열린다. 우리나라와 유럽을 비롯한 세계 각국의 빼어나게 좋은 경치들이 준비되었다. 입장 요금 동화 10전. (동화 10전은 설렁탕 한 그릇의 가격임).

2003년

실미도, 영화 관람객 1000만 명을 넘기다

2003년에 개봉한 영화 「실미도」를 시작으로 관람객을 1000만 명 이상 모은 영화가 계속해서 등장하기 시작해요. 외국 영화의 힘에 눌려 차가운 시선을 받았던 우리나라 영화가 새롭게 관심 받는 계기를 열었지요. 2004년에는 처음으로 우리나라 관람객이 우리 영화를 찾는 비율이 50%를 넘겼고, 2011년에는 52%에 이르렀어요.

1993년

서편제, 100만 관객을 모으다

1993년에 개봉한 임권택 감독의 영화 「서편제」가 우리나라에서 처음으로 100만 명을 모은 영화로 기록되었어요. 판소리를 소재로 한 영화로 한국적인 정서를 잘 담았다는 평가를 받았어요.

우리나라 최초의 극장, 단성사가 생기다

1919년 10월 27일, 김도산이 각본을 쓰고 감독한 「의리적 구투」가 단성사에서 개봉되었어요. 「의리적 구투」는 영화 사이에 연극을 보여주는 독특한 형식으로 되어 있어요. 이 영화가 상영된 날을 기념하며 1962년에 '영화의 날'로 지정되었어요.

1907년

단성사 사진은 1930년대의 모습

이월화 우리나라 최초의 여자 배우

1923년 「월하의 맹서」 개봉하다

진정한 우리나라 최초의 영화, 장화홍련전

우리나라 최초의 영화는 윤백남 감독이 1923년에 만든 「월하의 맹서」라고 알려져 있어요. 조선총독부가 저축을 권장하려고 일본 사람의 돈으로 만들어졌다고 해서 이 영화에 '우리나라 최초'라는 말을 붙이기 어렵다는 주장도 있어요. 1924년 박정현 감독이 만든 「장화홍련전」은 배우와 영화 제작자 모두가 우리나라 사람으로 되어 있었어요. 이 영화를 두고 우리나라 최초의 영화라고 칭하는 사람들이 많아요.

1924년

떼굴

떼굴

어려운 시절 속에서도 영화가 만들어지다

1945년 일본의 지배에서 벗어나고 1950년 전쟁을 겪으면서도 우리나라 영화는 꾸준히 만들어졌어요. 아주 어려운 상황에서도 영화가 만들어졌다는 기록이 세워질 정도였어요. 하지만 1970년대를 거쳐 1980년대까지 영화가 만들어지는 횟수가 급격히 줄어들었어요. 영화감독들이 자신의 뜻대로 영화를 만들 수 없었던 상황에 놓였기 때문이었어요.

아리랑, 단성사에서 개봉하다

일본에서 지배를 받고 있던 시기에 우리나라의 영화 발전에 노력한 감독이 있었어요. 나운규 감독은 흑백으로 된 무성영화 「아리랑」을 만들어 한국 영화의 아버지로 불리게 되었어요.

1926년 10월 1일

나운규

애니메이션, 과연 우리나라에서는 어려운 장르일까?

애니메이션은 라틴 어로 '생명을 불어넣는다'는 의미에서 시작된 말로 그림이나 인형처럼 움직이지 않는 물체를 움직이는 것처럼 보이도록 한 영화를 가리킨다.

애니메이션이라 하면 '어린이들이 보는 영화' 정도로 생각하지만 다른 영화보다 가장 자유롭게 표현할 수 있는 제작 형태이다. 애니메이션은 1900년대 초까지 거슬러 올라갈 수 있는데 미국, 유럽, 영국뿐만 아니라 일본에서 뛰어난 작품이 속속 등장했다.

애니메이션 하면 '월트 디즈니 픽처스'나 '픽사 애니메이션 스튜디오', '드림웍스 스튜디오'에서 나온 영상을 많이 떠올릴 것이다. 세계 최초의 장편 애니메이션인 「백설 공주와 일곱 난쟁이」가 엄청난 흥행을 기록하면서 월트 디즈니 회사는 크게 성장하게 되었어요. 그리고 미키 마우스는 월트 디즈니 회사를 대표하는 캐릭터가 되었다.

월트 디즈니 사의 도전 이후 성장하기 시작한 애니메이션 산업은 잠시 주춤했지만, 1980년대부터 일본이 애니메이션의 새로운 강자로 떠올랐다. 미야자키 하야오 감독의 「미래 소년 코난」, 「천공의 섬 라퓨타」, 「이웃집 토토로」 등은 전 세계 많은 사람의 사랑을 받았다.

월트 디즈니 1954년에 찍은 월트 디즈니(1901~1966년)의 모습

최근 10년 간의 흥행 애니메이션을 꼽아 보면 이름만 들어도 아는 몇몇 회사들로 채워진다. 「겨울왕국」(2014년)과 「라이온 킹」(1994년)은 월트 디즈니 픽처스, 「토이 스토리 Ⅲ」(2010년), 「니모를 찾아서」(2003년)는 픽사 애니메이션 스튜디오, 「슈렉 Ⅱ」(2004년)와 「슈렉 Ⅲ」(2007년)는 드림웍스 스튜디오에서 제작됐다.

우리나라의 애니메이션 하면 어떤 작품이 떠오를까? 2011년에 나온 「마당을 나온 암탉」, 2002년에 나온 「마리 이야기」 이 외에는 마땅히 떠오르는 애니메이션은 없을 것이다. 우리나라 애니메이션이라고 하면 으레 미국이나 일본에 비해 이야기나 그림 수준 등이 떨어진다고 생각한다. 그래서 외국에서 인정 받는 우리나라 애니메이션이 정작 안방에서 제대로 대접 받지 못하는 예가 많다. 일본, 미국 등지에서 제작된 애니메이션에 푹 빠져 정작 우리나라에서 제작된 훌륭한 작품을 놓치는 경우는 없을까?

드림웍스 스튜디오 본부(위), 픽사 애니메이션 스튜디오(아래)

기본색으로 만드는 컬러 세상!

맨 처음에 컬러 영화를 만들 때에는 흑백 필름 위에 붓으로 색을 넣었어요. 월트 디즈니 회사는 필름에 3원색을 이용하여 색깔을 입혔지요. 기본색을 섞어서 사용하면 여러 가지 색을 표현할 수 있어요. 물감들이 서로 섞이면 어떤 색깔을 얻을 수 있을까요?

지식 플러스 빨간색, 파란색, 노란색을 색의 삼원색이라 해요. 세 가지 색깔을 뒤섞으면 아주 많은 수의 색깔을 만들 수 있어요.

정답 ① - ④, ② - ①, ③ - ③, ④ - ②

4장
나도 모르게 손을 뻗어요

 아저씨가 유령은 아닐까?

 재민이와 민우 그리고 서윤이 덕분에 못된 아저씨들이 모두 체포되었어요. 경찰서장은 세 아이들에게 용감한 어린이상을 주기로 했어요. 아이들은 동 박사에게 이 소식을 알리려고 극장을 찾아갔어요. 극장 안을 구석구석 뒤져도 동 박사는 온데간데없었어요.
 아이들은 동 박사님이 돌아올 때까지 기다리자며 연구실 안을 기웃거렸어요. 시간이 꽤 지났지만 동 박사는 돌아오지 않았어요. 지루해진 아이들은 하품을 연달아 했어요. 그때 재민이가 책꽂이에서 낡은 앨범 하나를 발견했어요.
 "뭐야, 사진이 왜 전부 흑백이지?"
 "옷도 이상해."

"꼭 옛날 사람들 사진을 모아 놓은 것 같아."

아이들은 흑백 사진을 들여다보며 한마디씩 했어요. 그때 익숙한 사진 한 장이 눈에 들어왔어요. 동 박사님이 보여 줬던 아들의 모습이 담긴 사진이었어요. 재민이는 사진 속 까까머리 아이를 물끄러미 바라보았어요.

"이 아이 말이야, 누구랑 닮은 것 같지 않아?"

"그야 동 박사님을 닮았겠지. 박사님 아들이라잖아."

"아니, 우리가 아는 사람하고 닮은 것 같은데……. 그게 누군지 모르겠단 말이야. 아, 기억이 날 듯 말 듯한데!"

재민이는 우연히 사진 뒷면을 보게 되었어요. 뒷면에는 '아들 동동아와 함께'라는 글귀가 쓰여 있었어요.

"얘들아, 이 극장 이름이 뭐지?"

"동아 극장!"이라고 민우와 서윤이가 한목소리로 말했어요.

"생각났어, 박사님 아들 말이야 극장 할아버지랑 닮지 않았어?"

"그러고 보니까 코 밑에 까만 점이 있는 게 똑같네."

아이들이 고개를 끄덕였어요. 재민이는 심각한 표정으로 사진을 쳐다보았어요. 그때 부스럭 소리와 함께 동 박사가 나타났어요. 동 박사는 아들을 찾으러 다녀오는 길이라고 했어요. 눈물이 그렁그렁 맺힌 것으로 보아 찾지 못한 듯했어요.

"저희도 힘을 보탤게요."

"힘을 합치면 아드님을 틀림없이 찾을 수 있을 거예요!"

"우선 아드님이 좋아하는 거라든지, 취미나 버릇 같은 걸 알려 주세요."

아이들이 차례차례 말했어요.

"음, 우리 동아는 몰래 코를 파는 버릇이 있어. 코딱지를 동글동글 말아서는 벽에다 탁 붙여 놓곤 하지. 엄청 혼을 내는데도 그 버릇이 좀처럼 고쳐지질 않더구나. 또 우리 동아는 인절미를 제일 좋아해. 인절미 사왔다고 하면 자다가도 벌떡 일어난다니까."

동 박사는 아들을 떠올리며 중얼거렸어요. 어느새 눈가에 눈물이 촉촉

하게 맺혀 있었지요.

"아드님이 제일 좋아하는 게임은 뭐예요?"

재민이가 묻자 동 박사가 고개를 갸웃했어요.

"게임이라니? 그게 뭐냐?"

동 박사가 머리를 긁적였어요. 그 모습을 본 재민이가 마치 추리하듯 날카롭게 물었어요.

"박사님, 올해가 몇 년이죠?"

"그야 1929년이지. 저기 달력에도 있잖니."

동 박사의 대답에 아이들의 눈이 휘둥그레졌어요. 아이들은 동 박사를 이상하게 쳐다봤어요.

"나를 왜 그런 표정으로 보는 거냐?"

"박사님, 아무래도 연도를 착각하신 것 같아요."

서윤이가 웃으며 말했어요. 하지만 동 박사는 세차게 고개를 가로저었어요.

재민이는 서둘러 서윤이와 민우를 복도 쪽으로 불렀어요. 재민이는 자신의 생각을 민우와 서윤이에게 털어놓았어요.

"내 생각에 동 박사님은…… 사람이 아니라 유령인 것 같아. 예전에 이

나도 모르게 손을 뻗어요

극장의 이름이 극장 할아버지의 이름을 따서 지은 거라는 얘기를 들은 적이 있어. 아들의 이름이 동아라면 극장 할아버지의 아버지란 뜻이 되잖아. 게다가 동 박사님의 달력은 1929년에 멈춰져 있어. 동 박사님은 그쯤에 살았던 유령인 거지."

"맙소사!"

서윤이와 민우가 뒤로 주춤 물러섰어요.

"그렇게 무서워할 거 없어. 지금까지 동 박사님이랑 같이 있었지만 위험한 일을 당한 적은 없잖아."

"그렇긴 하지만……."

그때 동 박사가 연구실 문을 벌컥 열고 밖으로 나왔어요.

"무슨 이야기를 그렇게 심각하게 하는 거야?"

동 박사는 호기심 가득한 눈빛으로 아이들을 바라봤어요. 재민이가 두 친구들을 뒤로 하고 먼저 말을 꺼냈어요.

"박사님, 카메라 대신 다른 기계로 찍은 영화를 본 적 있어요?"

"에이, 그런 게 어딨어? 카메라가 없는 영화는 상상도 할 수 없지. 카메라 없이는 영화를 만들 수 없으니까."

"요즘은 안 그래요. 요즘은 컴퓨터로 영상을 만들기도 해요."

"컴, 뭐?"

"컴퓨터 그래픽 영화요!"

영화 속 특수 효과는 언제 처음?

영상을 화려하고 멋지게 하거나 전혀 없는 어떤 것을 새로이 만들 때 특수 효과를 사용해요. 처음에는 주로 분장이나 어떤 도구를 활용하여 감독이 바라는 모습을 촬영했지만, 컴퓨터 그래픽을 이용하기도 했어요. 컴퓨터 그래픽으로 만든 효과가 영화를 처음 등장할 때부터 함께한 것은 아니었어요.

최초의 특수 효과는 1895년에 개봉한 「스코틀랜드 여왕 메리의 참수」라는 영화에서 이용되었어요. 미국 뉴저지 에디슨 스튜디오에서 촬영을 맡고 있던 프레드 클라크라는 사람이 메리 여왕의 처형하는 장면을 특수 효과 처리했어요.

1902년 조르쥬 멜리에스 감독은 세계 최초의 과학 영화인 「달 세계의 여행」을 제작해 특수 효과의 재미를 보여 주었어요. 이는 16프레임으로 제작된 14분짜리 영화로

「달 세계의 여행」의 한 장면

조르쥬 멜리에스
(1861~1938년)

애니메이션, 모형 촬영, 스톱 모션, 화면 분할 등 오늘날에도 사용하는 편집 방법을 사용했어요.

영화 속 특수 효과는 과학의 발전과 함께 맞물려 더욱 실감 나고 화려하게 변신했어요. 컴퓨터 그래픽은 영화의 장면을 아주 다양하고 섬세하게 표현할 수 있도록 도와주었지요. 「어벤저스」나 「트랜스포머」 같은 해외 영화뿐만 아니라 「괴물」, 「해운대」처럼 우리나라에서 만든 영화에서 컴퓨터 그래픽의 참맛을 느껴볼 수 있을 거예요.

"그게 뭔데?"

동 박사가 머리를 긁적이며 묻자 민우가 술술 설명하기 시작했어요.

"하늘을 날거나 우주여행을 하는 장면이 필요할 때 컴퓨터 그래픽을 활용해요. 어떤 다큐멘터리에서 본 건데 배경이 온통 파란색인 스튜디오에서 배우를 촬영한 후에 이를 하늘이나 우주를 배경으로 합하면 마치 하늘이나 우주 공간을 날아다니는 효과를 줄 수 있대요."

"말이 되는 소리를 하렴. 만약 그렇게 두 가지 영상을 찍는다면 서로 엉켜서 뒤죽박죽될 거야."

동 박사가 손사래를 쳤어요.

"배경을 파란색으로 해서 촬영하면 배경을 투명하게 만들 수 있대요. 그러면 마치 배우가 하늘이나 우주를 나는 것처럼 보이게 되잖아요. 그걸

크로마키 기법

❶ 파란색 배경 앞에서 영상을 찍어요.

❷ 배경을 걷어 내고 다른 배경으로 합성해요.

'크로마키 기법'이라고 한대요. 알고 계세요?"

동 박사는 고개를 좌우로 흔들어요. 크로마키 기법에서 파란색 바탕을 쓰는 건 피부색과 구분이 잘되기 때문이에요. 하지만 파란 눈을 가진 배우를 촬영할 때에는 녹색 배경을 쓰기도 해요.

"이론적으로 하지 못할 이야기는 아닌데……. 진짜 가능할까?"

동 박사가 중얼거렸어요. 그러자 재민이는 스마트 폰을 꺼내 「반지의 제왕」 영상을 보여 주었어요. 괴물 '골룸(스미골)'이 나뭇가지 위에 앉아 혀를 날름거리는 모습이 나타났어요.

나도 모르게 손을 뻗어요

"에구머니나, 이 괴물은 대체 뭐냐? 어디서 찍은 거지?"

동 박사가 깜짝 놀라 뒤로 나자빠졌어요.

"이건 모션 캡쳐라는 걸 이용해서 만든 특수 효과예요."

"모션 캡쳐?"

"모션 캡쳐도 컴퓨터 그래픽의 한 종류로 몸에 센서를 부착해서 인체의 움직임을 디지털 형태로 기록하는 걸 말해요. 마커를 붙인 옷을 입은 배우가 움직이면 컴퓨터가 마커의 움직임을 측정해서 골룸이나 아바타 같은 가상 인물이 움직이도록 하는 거예요."

동 박사는 이해가 안 된다는 듯 머리를 긁적였어요.

"이것 좀 보세요."

재민이는 배트맨 영상을 보여 줬어요. 박쥐 날개를 펼치고서 도시의 밤을 누비는 배트맨의 모습이 화면 가득 나타났지요.

"세상에, 이건 대체 어떻게 만든 걸까!"

동 박사는 스마트 폰 화면에서 눈을 떼지 못했어요.

"정말 이런 걸 처음 보세요?"

"그래, 이런 기술이 있다니, 믿을 수가 없구나!"

❶ 애니메트로닉스

어떤 영화를 보면 거대한 공룡이 사람을 공격한다거나 멧돼지나 로봇이 등장하는 장면이 나와요. 영화 속에서 등장하는 공룡이나 상어, 로봇이나 멧돼지는 애니메트로닉스라는 기술로 만들어진 거예요.

애니메트로닉스는 애니메이션과 일렉트로닉스를 합한 단어예요. 공룡과 비슷한 모양으로 기계 장치를 만들고, 그것을 무선 조정해서 배우처럼 연기를 시키는 거예요. 컴퓨터 그래픽은 컴퓨터로 만들어진 가짜지만, 애니메트로닉스로 제작된 기계 장치가 실제로 있다는 점이 달라요. 애니메트로닉스 기계는 눈꺼풀을 움직인다거나 물어뜯는 행동을 할 수 있도록 정교하게 만들어져요. 그것을 이용하면 배우는 실제로 괴물이라든지 공룡 등이 코앞에 있는 것처럼 실감나는 연기를 할 수 있게 돼요.

❷ 공포 영화를 보면 오싹오싹한 이유

특수 분장으로 만든 귀신이나 컴퓨터 그래픽으로 만든 괴물이 나오는 사람들의 공포심을 자극하는 영화를 흔히 공포 영화라고 해요. 공포 영화는 특히 여름철에 많이 영화관을 차지하는데 왜 그럴까요?

사람들은 무서움을 느낄 때, 호르몬 몸의 한 부분에서 나와 여러 가지 정보를 전달하는 물질이 나와 위험하다는 신호를 보내요.

심장이 빨리 뛰고 얼굴이 하얗게 바뀌며 눈동자가 커져요. 동시에 털이 쭈뼛거리면서 소름 돋는 기분을 느끼게 돼요. 이러한 몸의 변화는 사람의 추위를 느낄 때와 비슷해요. 공포 영화를 볼 때 사람들은 추위를 느끼는 것처럼 온몸이 오싹해지는 느낌을 받아요.

세계 속 영화제에 가다

해마다 세계 곳곳에서 영화제가 열리면 많은 영화인과 관람객들이 축제 현장을 찾아요.
전 세계에서 열리는 대표적인 국제 영화제는 무엇이 있을까요?

칸 국제 영화제 프랑스, 5월 개최

1946년 프랑스의 중앙 영화 센터에 의해 시작된 국제 영화제로 세계 최대의 영화제로 알려져 있어요. 최고의 권위를 인정받고 영화 축제인 만큼 세계적인 영화 산업의 중심으로 자리 잡았어요. 우리나라의 작품 가운데 「소풍」, 「올드보이」, 「박쥐」, 「아리랑」 등이 상을 받았어요.

베를린 국제 영화제 독일, 2월 개최

동독과 서독으로 나뉜 독일의 통일을 기원하려고 1951년부터 시작된 영화제로 행사 기간 동안 보통 400여 편의 영화가 상영돼요. 한때 예산 부족으로 영화제를 개최하는데 많은 어려움을 겪었지만, 세계적으로 손꼽히는 국제 영화제로 거듭났어요. 영화 시사회뿐만 아니라 영화 산업의 미래, 각종 영화 토론회, 옛날의 영화 회고전 등 별도의 행사가 열리기도 해요. 우리나라의 작품 가운데 「마부」, 「사마리아」 등이 수상했어요.

베를린 국제 영화제

베니스 국제 영화제 이탈리아, 8~9월 개최

1932년 물의 도시로 유명한 베네치아(베니스)에서 처음 열려 가장 오래된 국제 영화제로 알려져 있어요. 프랑스 칸 국제 영화제보다 화려하지는 않지만, 예술적 가치가 높은 영화를 지지하며 명성을 유지해 왔어요. 새롭게 열리는 국제 영화제의 영향으로 조금 뒤쳐진 듯했지만, 오랜 전통을 기반으로 새로운 변화를 추구하는 영화제로 세계 영화인들의 인정을 받고 있어요. 우리나라의 작품 가운데 「오아시스」, 「빈집」, 「피에타」 등이 수상했어요.

베니스 국제 영화제

부산 국제 영화제 대한민국, 10월 개최

1996년 우리나라 부산에서 처음 개최된 국제 영화제로, 아시아에서 개최되는 최고의 영화 축제로 자리 잡았어요. 우리나라의 영화 산업의 발전을 이끌기 위해 시작된 이 영화제는 세계 여러 나라의 감독, 배우, 제작자, 관객 들이 한자리에서 소통할 수 있는 장이 되었어요. 국제 영화 제작자 연맹의 공인을 받은 영화제이며, 2015년에는 20주년을 맞아요.

로카르노 영화제

스위스 로카르노에서 1993년부터 시작되어 8월경 개최되는 국제 영화제예요. 두 편 이내의 영화를 만든 신인 감독들을 대상으로 하는 영화제였으나 최근 기존 감독들도 참여할 수 있게 되었어요.

몬트리올 세계 영화제

캐나다 몬트리올에서 해마다 8~9월에 열려요. 1977년부터 개최되었고 토론토 국제 영화제와 함께 북아메리카 지역 최대 규모의 영화제예요.

토론토 국제 영화제

캐나다 토론토에서 해마다 9월에 열리는 국제 영화제로 1976년 처음 시작한 이후 프랑스 칸 영화제에 이어 세계적으로 명성이 높은 영화 축제로 알려져 있어요.

모스크바 국제 영화제 러시아, 6월 개최

1935년에 동부 유럽 지역의 최초 영화제로 시작되었다가 세계 대전을 계기로 중단되었어요. 1957년부터 스포츠 행사의 일부로 열리다가 1990년 이후 해마다 열리는 국제 영화제로 확대되었어요. 우리나라의 작품 가운데 「아제 아제 바라아제」, 「살어리랏다」, 「지구를 지켜라!」 등이 수상했어요.

칸 국제 영화제, 베니스 국제 영화제, 베를린 국제 영화제를 묶어 '세계 3대 영화제'라고 불러요.

 ## 신기하고 다양한 촬영의 세계

동 박사는 특수 효과를 찍을 수 있는 기계를 직접 보고 싶다고 했어요. 그 모습을 본 민우가 우물쭈물 망설이다가 말했어요.

"우리 삼촌한테 있는데……. 삼촌은 여러 가지 용도의 카메라를 갖고 있는데, 밤에 촬영할 수 있는 적외선 카메라도 갖고 있어요."

민우가 자랑스럽게 삼촌에 관해 이야기를 늘어 놓자 동 박사는 민우에게 삼촌을 만날 수 있게 해 달라고 졸랐어요.

"박사님께 그 카메라를 보여 드릴게요. 대신 저희 부탁도 하나만 들어 주세요."

"뭔데?"

"그건 나중에 말씀드릴게요. 무조건 들어준다고 약속해 줘요."

"그래, 좋아!"

동 박사가 단숨에 고개를 끄덕였어요. 이튿날 민우는 삼촌 몰래 적외선 카메라를 들고 왔어요.

"이게 적외선 카메라라는 거야?"

"네, 이건 깜깜한 밤에도 찍을 수 있어요. 푸르스름한 장면은 빛이 적은 밤에 적외선 카메라로 찍은 거예요."

민우는 카메라에 관해 설명해 주었어요. 동 박사는 궁금한 점이 있으면 꼬치꼬치 캐물었어요.

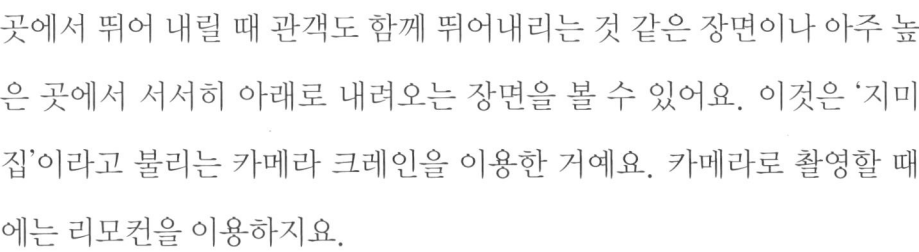
지미집

영화에서 배우가 높은 곳에서 뛰어 내릴 때 관객도 함께 뛰어내리는 것 같은 장면이나 아주 높은 곳에서 서서히 아래로 내려오는 장면을 볼 수 있어요. 이것은 '지미집'이라고 불리는 카메라 크레인을 이용한 거예요. 카메라로 촬영할 때에는 리모컨을 이용하지요.

헬리콥터와 카메라가 합쳐진 헬리캠이라는 것도 있어요. 카메라를 달아 놓은 헬리콥터가 하늘을 날아다니면서 원하는 각도에서 마음껏 찍을 수 있어요.

적외선 카메라를 만지작거리며 살펴보던 동 박사는 카메라 속에 남아 있는 영상을 발견했어요. 재생 버튼을 누르자 주인공이 총알을 피해 달아나는 장면이 그려졌어요.

"총알이 날아가는 장면까지 보이다니! 눈 깜짝할 사이에 벌어진 장면은 어떻게 촬영한 걸까? 궁금하다, 궁금해!"

"삼촌한테 물어볼까요?"

헬리캠

"그래, 얼른 물어 봐. 당장 대답을 듣고 싶어."

민우는 삼촌에게 전화를 걸어 이것저것 물었어요.

"음, 눈 깜짝할 사이에 일어나는 장면을 촬영하는 걸 초고속 촬영이라고 한대요. 초고속 카메라로 촬영하면 유리가 깨지는 장면, 물방울이 떨어지는 장면 등 너무 빨라 사람의 눈으로 볼 수 없는 것을 잡아낼 수 있대요."

"세상에……. 그게 가능하다고?"

동 박사는 정신이 아찔했어요.

"요즘 기술로는 뭐든 가능하대요. 삼촌이 그러는데 구름이 지나가거나 해가 졌다가 뜨는 모습도 짧은 시간에 볼 수 있게 촬영할 수 있대요. 그런 장면은 미속 촬영을 하면 된대요."

"미속 촬영?"

"초고속 촬영이 1초에 아주 많은 프레임을 찍는 거라면 미속 촬영은 반대로 아주 조금 찍는 거래요. 몇 분 또는 몇 시간 한 번 찍고 끊었다가 다시 찍는 거래요. 그러면 다 볼 수 있게 된다고……. 아, 전달하는 것도 엄청 힘들구나."

민우가 한숨을 몰아쉬었어요.

"세상에, 난 지금까지 우물 안 개구리였구나. 이런 기술이 있다는 것조차 몰랐어! 아, 부끄럽다. 이러고도 스스로를 과학자라고 떠들었다니."

동 박사가 한탄하듯 말하자 재민이가 슬그머니 다가서서 물었어요.

"박사님은 그 시대엔 아주 뛰어난 분이었을 거예요. 세월이 흐르는 동안 기술이 더욱 발전한 거예요."

"그게 무슨 뜻이니?"

동 박사가 눈을 깜빡였어요.

"지금이 1929년이라고 하셨죠?"

"지금은 21세기예요. 1929년은 거의 100년 전의 일이에요."

"그게 무슨……"

"박사님은 유령인 거라고요." 하고 재민이가 말했어요.

"아냐, 그럴 리 없어. 내가 유령이라니……. 날 보렴! 이렇게 살아 있잖아."

"3D 영화도 본 적 없으시죠?"

"그게 뭔데?"

재민이는 어떤 영화를 보여 주며 3D 안경을 내밀었어요.

"이걸 쓰고 영화를 보세요."

"세상에, 나뭇가지가 내 눈앞에서 움직이는 것 같아. 어, 어!"

동 박사는 손을 뻗으며 허우적거렸어요. 눈앞으로 거대한 운석 덩어리가 날아오는 장면에서는 자기도 모르게 몸을 아래로 숙이기까지 했어요.

"어때요? 이런 3D 영화는 처음 보시죠?"
"정말 잘 만든 영화로구나. 하지만 3D 영화라면 나도 본 적이 있어."
재민이가 눈을 깜빡였어요. 동 박사가 유령일 거라고 생각했던 추리가 어긋나는 순간이었어요.

3D 안경 없이도 입체 화면을 느낄 수 있을까?

휴대 전화 화면보다 작은 모니터에서는 3D 영상을 3D 안경 없이 입체로 느낄 수 있어요. 화면이 클수록 안경이 없으면 입체감이 떨어지는데 3D 안경 없이도 3D 효과를 톡톡히 볼 수 있는 텔레비전이 나올 거예요.
화면 앞에 구멍을 엄청나게 많이 뚫어 놓은 차단막을 만들면 3D 안경 없이 입체 영상을 볼 수 있어요. 차단막의 각 구멍 뒤에 화소가 엇갈리게 보이도록 하는 방법을 사용해요. 안경을 쓰지 않고도 양쪽 눈이 각각 다른 영상을 볼 수 있기 때문이에요.

"너흰 3D의 원리를 잘 모르나 본데. 오른쪽 눈을 감고 물건을 보고, 다시 왼쪽 눈을 감고 물건을 봐봐. 거리나 위치가 조금 다르게 느껴질 거야. 이게 바로 3D 영화의 원리란다. 영국에 찰스 휘트스톤이란 과학자가 살았는데 두 개의 거울로 입체 영상을 볼 수 있는 간단한 기계를 만들었어. 그리고 1905년엔 최초의 입체 영화 「나이아가라 폭포」가 만들어지기도 했어."

동 박사는 3D는 아라비아 숫자 '3'과 'Dimension'(차원)을 합한 말이라고 했어요. 동 박사는 평면인 2차원과 달리 입체감을 느끼게 해주는 것이 바로 3D라며 어깨를 으슥댔지요.

재민이가 당황해하자 서윤이가 얼른 귓속말로 물었어요.

"천재민, 박사님이 유령이라는 거 사실이야?"

아이들은 동 박사가 유령일지도 모른다고 생각했지만 결국 결정적인 단서를 잡아내지 못했어요. 재민이는 머리를 긁적이며 고민했어요.

'틀림없이 박사님은 유령이야. 내가 그 사실을 밝혀내고 말겠어!'

어떻게 찍어 볼까?

영화를 보면 다양한 촬영 방법을 사용한 장면들이 관람객들의 시선을 사로잡아요. 하늘에서 내려다보는 모습은 헬리캠을 이용하여 찍고, 주인공이 뛰어내리는 장면은 지미집을 이용해서 찍어요. 아래 사진을 보면서 어떻게 촬영했을지 알아 봐요.

보기 고속 촬영, 미속 촬영, 적외선 촬영

1
태양과 지구 사이에 달이 들어가면 지구에 달의 그림자가 생겨요. 이 그림자 안에서 태양이 달에 가려지는 현상을 일식이라고 해요. 일식은 여러 시간에 걸쳐 나타나기 때문에 [   ]을 해야 해요.

2
총을 쏜 뒤 총알이 날아가는 장면을 세세하게 보려면 일반적인 방법으로는 찍을 수 없어요. 총알 같이 아주 빠르게 움직이는 장면을 아주 천천히 보려면 [   ]을 해야 해요.

정답
❶ 미속 촬영 ❷ 고속 촬영

5장
우리도 영화를 만들어 볼까?

 드디어 밝혀지는 미스터리

 재민이는 동네 어른들께 극장 할아버지가 어떤 분인지 꼼꼼히 조사했어요. 놀랍게도 극장 할아버지는 동 박사의 아들과 이름이 똑같을 뿐만 아니라 닮은 점이 매우 많았어요. 몰래 코딱지를 파서 동그랗게 말아 두는 버릇도 같았고, 깜깜한 것을 유난히 싫어하는 것도 같았지요. 인절미를 좋아하는 것도요. 재민이는 동 박사가 오래전에 죽은 유령일 거라고 확신했어요.
 "박사님, 그만 솔직하게 이야기해 주세요."
 비가 주룩주룩 내리던 날 저녁, 재민이는 동 박사의 연구실을 찾아갔어요. 민우와 서윤이도 뒤따라갔지요. 재민이는 그동안 수집한 증거를 펼쳐 보였어요. 동 박사는 멈칫하더니 한숨을 내쉬었어요.
 "날 방해하지 마라. 난 여기서 아들을 기다려야만 해."

"결국 아저씨가 유령이셨군요."

　재민이의 말에 동 박사는 슬픈 표정을 지었어요. 동 박사는 오래전에 연구실에서 죽음을 맞이했다고 말했어요. 그런데 아들이 극장을 빼앗으려는 사람들 때문에 쓰러지던 날에 유령으로 깨어난 것 같다고 했어요. 동 박사는 아들이 돌아올 때까지 극장을 지켜 주기로 마음먹었대요. 평범한 박사인 척 연기하며 아이들을 유인하여, 극장을 위협하는 사람들이 있다는 사실을 알려 주려고 한 것이었어요.

"난 아들에게 무엇 하나 해 준 게 없어. 영화를 연구하느라 이 연구실에만 틀어박혀 있었지. 아들에게 따뜻한 미소를 지어 준 적도, 재미있는 얘기를 해 준 적도 없어. 아마 나를 많이 원망했을 거야."

동 박사는 말끝을 흐렸어요.

"아니에요, 동네 할아버지들께서 그러시는데 극장 할아버지는 이 극장을 정말 자랑스러워하셨대요. 그리고 아버지가 세운 이 극장을 오래도록 지키는 게 소원이라고 말씀하셨대요."

재민이의 말에 동 박사가 손으로 얼굴을 가린 채 흐느꼈어요. 아이들은 한쪽 구석에 모여 동 박사와 극장 할아버지를 위해 뭔가 해 줄 수 있는 일을 찾자며 이야기 나눴어요.

"동 박사님이 극장 할아버지를 얼마나 사랑하는지 영화처럼 보여 주면 좋을 텐데……."

민우가 혼자 중얼거리듯 말하자 재민이와 서윤이가 눈을 반짝였어요. 민우는 영화 찍는 일이 보통이 아니라며 고개를 가로저었어요.

"한번 해 보자! 하다가 안 되면 어른들에게 도움을 청하지 뭐."

"유령이 주인공인 영화를 찍게 도와 달라고 부탁하려고?"

여전히 민우는 안 되는 일이라며 말했어요.

"거짓말로 둘러대면 되지. 어린이 영화제에 낼 영화라고 하면 되잖아. 이렇게 부탁하면 도와주실 거야."

"오, 그거 좋은 생각이다!"

아이들은 손을 한데 모았다가 하늘 높이 치켜들었어요. 동 박사는 아리송한 표정을 지었어요.

"박사님, 이제부터 우리 영화의 주인공이 되어 주세요."

동 박사는 잠시 망설였어요.

"박사님이 나온 영화를 극장 할아버지께 보여 드릴게요."

재민이는 극장 할아버지가 위독하다는 말은 일부러 하지 않았어요. 동 박사님의 모습을 보면 몹시 좋아할 거라고만 이야기했지요. 한참 만에 동 박사는 결심한 듯 고개를 끄덕였어요.

 레디, 액션! 영화를 만들자!

아이들은 어떻게 영화를 만드는지 물어 보려고 민우의 삼촌을 찾아갔어요. 삼촌은 아이들의 물음에 껄껄껄 웃음을 터트렸어요.

"영화는 한두 사람만의 힘으로 만들 수 있는 게 아니야."

"얼마나 많은 사람이 필요한데요?"

"적어도 수십 명의 스태프들이 필요해. 여러 사람의 단합된 힘도 필요하지. 배우는 연기를 잘해야 하고 작가들은 시나리오와 콘티를 잘 짜야

겠지? 촬영 감독은 실감나게 촬영할 수 있어야 하고 미술 감독과 분장 담당, 스크립터 영화 만드는 과정을 기록하는 사람의 능력도 중요하단다. 영화는 여러 사람의 힘을 합쳐 만드는 종합 예술이거든."

민우 삼촌의 이야기를 들은 아이들은 혀를 내둘렀어요.

"으, 어쩌면 영화를 못 만들지도 모르겠어."

"거봐, 처음부터 무리였다니까."

아이들끼리 소곤거리는 모습을 본 민우 삼촌이 관심을 보였어요. 아이들은 망설이다가 사실을 털어놓았어요. 그러자 민우 삼촌은 낮게 한숨을 내쉬더니 말씀하셨어요.

"만약 너희의 말이 사실이라면 내가 도와주마."

"정말요?"

아이들은 놀란 표정으로 하나같이 말했어요.

"그래, 나도 유령 극장, 아니 동아 극장에서 영화를 보며 꿈을 키웠었지. 내게 꿈을 만들어 준 소중한 극장의 주인을 돕는 일인데 두 발 벗고 나서야지."

"고마워요, 삼촌!"

아이들은 민우 삼촌을 함께 끌어안았어요.

영화는 어떤 과정으로 만들까?

영화는 많은 사람이 힘을 합하여 만드는 예술 작품이에요. 얼마나 많은 사람이 참여할까요? 이 질문의 정답은 영화를 끝나면 알 수 있어요! 영화가 끝난 뒤 까만 바탕 위에 깨알같이 글자가 아래에서 위로 올라가는 걸 본 적이 있을 거예요. 영화를 만드는 데 참여한 사람들의 이름과 역할이 정리된 목록이지요.

❶ 사전 제작 단계

1. 영화 내용 정하기
어떤 이야기를 영화로 만들지 고민해야 해요. 제작자, 시나리오 작가, 감독 등이 모여 회의를 거쳐 결정해요.

💬 어떤 이야기가 좋을까?
💬 초대형 블록버스터 영화를 만들거야!

2. 각본 만들기
각본은 시나리오라고도 하는데, 결정된 이야기(주제)를 영화 제작에 참여하는 사람을 위해 짜임새 있게 정리한 설계도와 같은 글이에요. 등장인물의 성격과 특징, 여러 사건과 장소뿐만 아니라 영화를 찍을 때 필요한 설명 등을 그림 보듯 써 내려가는 작업이에요.

❷ 촬영 단계

3. 스토리 보드 구성하기
스토리 보드는 각본을 영상으로 바꿀 때 위해 그리는 밑그림이에요. 글에서 그림으로 조금 더 발전된 모습이지요. 스토리 보드를 보면 감독과 영화 제작에 참여하는 사람들이 어떤 장면을 찍을지 한눈에 알 수 있어요.

💬 이 장면은 쭈욱 이어서 찍을 거예요.
💬 #21. 결정적인 장면은 바로 이 장면!
💬 배우들, 가슴 위로 촬영!
💬 주인공 역은 김수현이 어떨까?

❸ 후반 제작 단계

4. 배역 정하기(캐스팅)
감독은 시나리오 작가, 제작자들과 함께 각본 속 등장인물에 맞는 배우를 찾는데 이를 '캐스팅'이라고 해요. 유명한 배우를 직접 정하기도 하고, '오디션'을 통해 새로운 배우를 찾기도 해요.

시나리오 작가
영화의 기초가 되는 이야기를 쓰는 사람이에요. 영화의 뼈대를 만드는 시나리오 작가는 대학교에서 영화학을 공부해서 능력을 키운 예가 많아요.

스크립터는 영화를 만드는 과정을 하나하나 기록하는 사람을 가리켜요. 영화 촬영은 시나리오 순서대로 진행할 수 없고 맨 첫 장면과 마지막 장면을 이어서 찍을 수도 있어요. 촬영 중에 감독이나 배우의 생각에 따라 시나리오가 바뀌기도 해요. 어떤 촬영 영상이 확정된 것인지 구분해야 하고, 대사의 내용과 확정된 영상의 위치도 반드시 기록해 두어야 해요. 이 모든 일을 스크립터가 해요. 촬영하는 데 차질을 빚지 않도록 배우가 있는 위치, 옷, 머리 모양, 화장까지 모두 기록해요.
스크립터와 함께 영화 촬영에 참여하는 사람들이 어떤 일을 하는지 살펴볼까요?

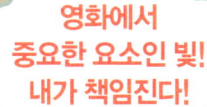

모든 촬영이 끝나면 곧바로 필름을 현상소로 보냈어요. 필름을 화학 약품에 담가서 촬영 장면을 볼 수 있도록 작업을 해야 했거든요. 최근에는 디지털카메라로 촬영하고 대용량 저장소에 곧바로 저장하는 방법으로 영화를 찍어요.

촬영이 끝난 필름을 그대로 영화관에서 상영하지 않아요. 감독은 실제 영화 관람 시간보다 훨씬 많은 양을 찍어요. 여러 번 찍은 장면들 가운데 가장 알맞은 장면을 골라서 이야기 순서 대로 연결하거든요. 또한 각 장면에 맞게 소리도 더해야 하고, 필요에 따라 특수 효과를 넣기도 하지요. 이 과정을 편집이라고 해요.

❶ 사전 제작 단계
❷ 촬영 제작 단계
❸ 후반 제작 단계

1 필름 현상하기
촬영을 마친 필름은 그대로 볼 수 없기 때문에 현상소에서 인화 작업을 해야 해요. 사진은 종이 위에 인화하지만, 영화는 필름 위에 인화해요. 때로는 영상을 비디오테이프에 옮기기도 해요.

2 영상을 고르고 이어 주기
영상을 컴퓨터로 옮긴 뒤 이야기에 알맞게 잘라 내거나 이어 붙이는 방식으로 정리해요. 필요에 따라 컴퓨터그래픽으로 만든 장면을 덧붙이기도 하고, 특정 장면에 특수 효과를 넣기도 해요.

> 이 장면은 없애는 게 낫겠어.

> 박진감 넘치는 배경 음악을 깔아 볼까?

3 영상에 맞게 소리 입히기
영상 편집이 끝나면 영상에 맞게 소리를 모아요. 촬영 현장에서 모은 소리뿐만 아니라 효과음을 덧붙여 현장감을 더욱 강조해요. 또한 배경음악을 넣어 영화의 분위기를 더욱 실감나게 다듬지요. 소리 편집 작업을 끝내고 편집 영상과 소리를 하나로 합하면 편집이 모두 끝나요.

편집 기사
스토리 보드에 맞게 촬영 영상과 소리 등을 이어 붙이는 작업을 하는 사람을 가리켜요. 같은 장면이라도 이어 붙이는 방식과 소리에 따라 영화의 느낌이 크게 달라지기 때문에 편집도 중요한 과정이에요.

민우 삼촌이 수십 명의 스태프들을 데리고 극장에 찾아왔어요. 동 박사는 사람들이 우르르 몰려든 것을 보고 적잖이 놀란 눈치였어요. 민우 삼촌은 극장 안을 빙 둘러보더니 촬영을 위해 청소부터 해야겠다고 말했어요.

"자, 힘을 합치면 금방 끝낼 수 있어!"

아이들은 스태프들을 도와 거미줄을 없애고, 복도의 오래 묵은 먼지를 털어 냈어요. 여러 명이 힘을 합쳤더니 금세 극장 안이 깔끔해졌어요. 민우 삼촌은 동 박사에게 시나리오를 내밀었어요.

"이건 제가 밤새 쓴 거예요."

"어떤 내용인가?"

"아버지 유령이 아들의 보물을 지키기 위해 악당들과 맞서 싸운다는 내용이에요. 꼬마 악동들이 끼어들어서 아버지 유령을 돕는다는 내용도 있어요."

민우 삼촌이 쓴 시나리오에는 재민이와 민우, 서윤이의 역할도 있었어요. 민우 삼촌은 조명과 음향 기기를 준비하는 동안 대본을 외워 달라고 부탁했어요. 동 박사와 아이들은 모두 힘차게 고개를 끄덕였지요.

"레디, 큐!"

준비가 끝나자 민우 삼촌이 첫 번째 장면을 촬영하기 시작했어요. 첫 장면은 재민이가 음침한 극장 안으로 들어왔다가 동 박사님과 마주치는 설정이었어요. 재민이는 마치 국어 책을 읽듯 딱딱하게 연기했어요.

"누, 누구세요? 사람인가요, 유령인가요?"

갑자기 "엔지(NG)!"라는 목소리가 들려 왔어요.

"다시 해야 하나요?"

민우 삼촌은 재민이에게 긴장을 풀고 자연스러운 연기를 바랐어요.

"네, 노력해 볼게요."

재민이는 엔지를 낼 때마다 부끄러운듯 혀를 삐죽 내밀었어요.

"다음 장면은 유령이 된 아버지가 아들을 그리워하는 상황이에요. 감정을 잘 조절해서 자연스럽게 연기해 주세요."

삼촌이 외치자 동 박사는 아들의 어린 시절 사진을 바라보며 눈물을 글썽거렸어요. 연기인지 진짜인지 알 수 없을 정도로 자연스러운 모습이었어요.

"컷!"

삼촌이 훌륭하다며 손뼉 치자 동 박사는 장난스럽게 브이 표시를 했어요.

"어떠냐, 내 연기 실력이?"

아이들은 엄지손가락을 치켜들었어요. 촬영은 밤늦게까지 계속됐어요.

마지막 장면은 동 박사가 아들과 마을 사람들을 향해 마지막 말을 남기고 사라지는 내용이었어요. 동 박사가 사라지는 모습을 자연스럽게 표현하기 위해 특수 효과팀이 안개를 준비했어요. 서서히 사라지는 느낌을 강조하려고 연막탄_{사람의 시야를 가릴 목적으로 쓰는 연기 폭탄}도 준비해 두었어요.

"레디, 액션!"

민우 삼촌의 사인이 떨어지자 딱따기 치는 소리가 들렸어요. 그러자 동 박사가 카메라를 향해 천천히 대사를 읊었어요.

"아들아, 보고 싶구나. 네가 이 극장에서 사람들과 오래 행복했으면 좋겠다. 그게 아빠의 소원이란다. 그리고 참 고마워요, 여러분! 부디 앞으로도 이 극장을 오래오래 지켜 주세요."

대사를 마친 동 박사는 배시시 미소를 머금었어요. 이윽고 동 박사의 몸이 서서히 사라지기 시작했어요.

"컷!"

민우 삼촌은 매우 만족스러운 듯 외쳤어요. 그런데 특수 효과를 맡은 사람들이 부랴부랴 뛰어오더니 소리쳤어요.

이 극장을 오래 오래 지켜 주세요!

"안개 효과를 내는 약품이 다 떨어졌나 봐."

"연막탄도 고장 났어."

"이상하다! 방금 동 박사님이 자연스럽게 안개 속으로 사라지셨는데?"

민우 삼촌이 동 박사를 계속 불렀어요. 하지만 동 박사의 모습은 보이지 않았어요.

"박사님……."

아이들은 박사님을 부르며 아쉬워했어요.

며칠 뒤 민우 삼촌은 편집을 끝냈다며 사람들을 극장으로 불러 모았어요. 아이들은 동네 사람들에게 시사회 많은 사람들에게 널리 알리기 전에 반응을 살펴보려고 하는 작은 모임 초대장을 돌렸어요. 건설 회사 사장과 철거업자에게도, 못된 짓을 일삼았던 아저씨들에게도 영화표를 선물했어요.

영화가 상영되던 날, 영화관은 마을 사람들로 북적댔어요. 아이들은 병원에서 어렵게 모셔 온 극장 할아버지를 맨 앞자리로 모시고 갔어요.

"할아버지, 아주 재미있는 박사님께서 할아버지께 꼭 하실 말씀이 있대요."

"내게 말인가?"

극장 할아버지는 힘겨운 듯 숨을 깊이 몰아쉬며 되물었어요.

"할아버지께서 꼭 보셔야 할 영화예요."

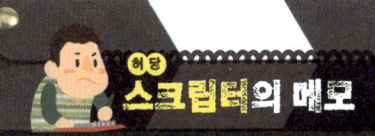

영화를 보기만 하면 끝인가요?

영화관에서 영화의 마지막 장면에 이어지는 엔딩 크레디트_{영화 제작에 참여했던 이름들이 나오는 것}가 올라가면 사람들은 서둘러 자리를 뜨기 시작해요. 영화 제작자들이 엔딩 크레디트 뒤에 몇 장면을 더 숨겨 놓기도 해서 엔딩 크레디트를 끝까지 확인하는 사람도 있어요.

영화관을 빠져 나와 영화가 어땠는지 친구들과 이야기를 나눠 본 경험은 있을 거예요. 영화의 구성이 어떻고, 주인공의 연기가 좋다 나빴다는 등의 소감을 펼쳐 놓아요. 그러면 영화 감상은 어떻게 해야 하는 것일까요?

크게 세 가지 방식으로 생각해 볼 수 있어요. 이야기 중심으로 감상하는 방법, 장면 중심으로 감상하는 방법, 등장인물 중심으로 감상하는 방법이에요.

이야기 중심 감상법은 영화의 간단한 줄거리를 정리한 뒤 중요 인물들에 대한 평가를 덧붙이는 방식이에요. 뤼미에르 형제의 세계 첫 영화는 이야기가 없는 단순한 보여주기 영상이었지만, 영화의 힘은 바로 이야기에 있거든요.

장면 중심 감상법은 영화의 줄거리보다는 영상 쪽에 초점을 두는 방식이에요. 멋진 장면과 그렇지 못한 장면을 구분하고, 감독이 어떤 의도로 각 장면들을 찾아내고 찍었는지 생각하는 거예요. 영화감독이 숨겨 놓은 퀴즈를 푸는 재미를 맛볼 수 있어요.

마지막으로 등장인물 중심 감상법은 등장인물과 관련된 모든 요소를 찾아내는 방식이에요. 등장인물의 성격과 특징(말투, 전체적인 스타일), 활동 배경 등을 중심으로 정리하는 거예요.

민우 삼촌이 신호를 보내자 극장 안이 어두워졌어요. 이윽고 잔잔한 음악과 함께 스크린이 밝아지기 시작했어요. 스크린 가운데에 낡은 가운을 입은 동 박사가 나타났어요. 순간 극장 할아버지의 눈이 휘둥그레졌어요.

"아, 아빠!"

극장 할아버지의 눈에 눈물이 그렁그렁 맺혔어요. 마을 사람들도 눈시울을 붉힌 채로 영화를 보았지요. 영화가 하이라이트에 이르자 건설 회사 사장과 철거업자들의 얼굴이 시뻘게졌어요. 못된 짓을 일삼고, 유령에게 모든 죄를 덮어씌우려는 장면이 나왔기 때문이었어요. 유령과 아이들이 힘을 합쳐 못된 사람들을 내쫓는 장면이 나왔을 때 마을 사람들은 손뼉 치며 환호했어요.

이윽고 잔잔한 음악과 함께 동 박사의 모습이 화면 가득 나타났어요.

"여러분! 부디 이 극장을 오래오래 지켜 주세요."

동 박사의 마지막 말을 들은 사람들은 모두 울음을 터트렸어요.

"우리가 그 동안 이 소중한 극장을 너무 함부로 내버려 뒀던 것 같아."

"맞아, 이 극장은 우리 모두의 추억이 깃든 곳이야. 앞으로 영화 박물관으로 만들면 어떨까?"

누군가의 제안에 마을 사람들은 손뼉 치며 의견을 같이했어요.

"영화의 이모저모를 알 수 있는 영화 박물관이 우리 마을에 들어서면 명물이 되겠군요!"

그날 이후 마을 사람들은 재능 기부와 자원 봉사로 유령 극장으로 오해한 동아 극장을 영화 박물관으로 바꾸었어요. 동아 극장은 더는 음침하고 낡은 극장이 아니었어요. 사람들의 추억이 깃든 소중한 곳이 되었지요.

토론왕 되기!!

어린이 배우도 인권을 보호받아야 하지 않을까?

요즘 뛰어난 연기력을 선보이는 어린이 배우들이 많은 관심을 받고 있다. 어린 배우가 어른 배우 버금가는 인기를 끈다는 소식도 인터넷에서 심심하지 않게 볼 수 있다.

어린이들도 잘하면 스타 대접을 받을 수 있고 화려한 연예인 생활을 할 수 있다는 생각이 널리 퍼진 상태이다. 아역 배우를 뽑는 오디션 현장에는 전국 각지에서 몰려든 어린 배우 지망생들로 가득하다.

화려한 연예인 생활을 꿈꾸지만 막상 실제로는 많이 다르다는 것을 아는 어린이는 많지 않다. 배우로서의 성공은 어른들도 쉽지 않은 일이다. 자정을 넘겨 새벽까지 영화를 촬영하는 날도 자주 있고, 장소 또한 불편한 점이 한두 가지가 아니다.

어린이들은 연기와 현실을 잘 구분할 수 있는 상황이 아니다. 현실을 연기로 착각하거나 연기를 현실로 잘못 생각하기도 한다. 연기하면서 받았던 마음의 상처를 진짜로 착각해서 큰 피해를 받는 예도 있다. 아역 출신의 한 연기자는 "어린 나이에 불과했던 시기에 지나친 관심이 엄청난 부담과 스트레스였다"고 고백한 사실이 이를 뒷받침한다.

야간 촬영이 잦으면 잠이 부족해지고 강한 조명을 받아 정작 집에서도 제대로 잠들지 못하는 경우도 많다. 한창 성장해야 할 시기에 큰 문제가 될 수 있다. 또 촬영 때 받은 스트레스로 자신을 사랑하는 마음을 놓칠 수 있어서 학교 또는 집에서 정상적인 생활하는 데 어려움을 겪기도 한다. 상황이 이러한데도 영화계에서는 어린이 배우들의 인권을 보호해 줄 수 있는 장치가 부족하다.

미국에서는 태어난 지 10개월 된 아기가 나오는 영화를 촬영할 때 함께 연기할 어른 배우에게 2개월 동안 육아 교육을 받도록 하고 있다. 또 '어린이 배우가 하루 4시간 이상 촬영할 수 없다'는 규칙을 만들어서 어린이 배우가 학교를 빠지거나 밤새우며 촬영하는 일이 없게 하고 있다.

영화 내용에 따라 어린이 배우가 접해서는 안 되는 것들도 많다. 영화 촬영이라는 이유로 어린이에게 그대로 연기를 바라는 것은 문제가 되지 않을까? 그리고 인권사람으로서 당연히 가지는 행복 추구 등의 기본적 권리을 보호받으면서 어린이들이 자신의 꿈을 펼칠 수 있는 방법은 없을까?

나도 영화를 만들 수 있을까?

영화는 제작진, 배우, 감독 등이 모여 함께 만드는 종합 예술이에요. 영화 제작에 참여한 사람들에게는 판단력, 의사소통 능력, 지도력 등 다양한 능력이 필요하지요. 빈칸에 영화에 참여하는 제작자 이름을 써 봐요.

정답
❶ 배우, ❷ 조명 감독, ❸ 미술 감독, ❹ 촬영 감독, ❺ 시나리오 작가

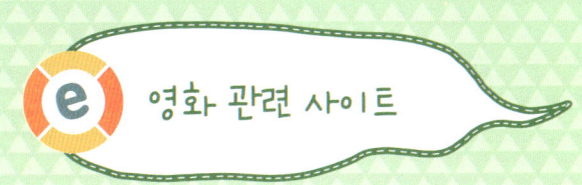 영화 관련 사이트

한국 영상 자료원 www.koreafilm.or.kr
서울 상암 DMC 단지에 있으며 우리나라에서 상영된 영화에 관한 모든 정보를 모아 둔 곳이에요. 영상 자료를 수집하고 분류하는 일뿐만 아니라 오랜된 자료를 복구하고 보존하는 역할도 해요. '시네마 파크', '한국 영화 박물관' 등 다양한 문화 행사를 체험할 수 있는 기회를 제공해요.

신영 영화 박물관 moviestarjeju.kr
1999년 영화배우 신영균 씨가 우리나라 최초의 영화 박물관으로 제주도에 문을 열었어요. 우리나라 영화와 관련된 여러 소품과 기록 등을 보관하여 전시하고 있으며 다양한 체험존도 갖추고 있어요.

남양주 종합 촬영소 studio.kofic.or.kr
영화 촬영을 위한 야외 세트와 여러 실내 세트, 녹음실 및 제작 장비 등을 두루 갖춘 아시아 최대 규모의 영화 제작 시설이에요. 「서편제」, 「공동 경비 구역」, 「태극기 휘날리며」 등 우리나라 대표 영화가 이곳에서 촬영되고 제작되었어요.

영화의 전당 www.dureraum.org
다양한 문화 예술 서비스와 시민들의 참여를 높이는 행사를 제공하는 부산에 있는 종합 문화 센터예요. 세계적인 영화제로 급부상한 부산 국제 영화제를 추진하는 기구이며 영화 산업의 중심 역할을 하도록 설립되었어요.

부산 국제 어린이 영화제(비키) www.biki.or.kr
어린이들이 다양한 영상을 통해 이야기 나누고 스스로 만들어 가는 문화 축제로 2005년부터 시작되었어요. 축제 기간 동안 어린이를 위한 다양한 문화 행사가 진행돼요.

> 알수록 재미있는 영화 관련 용어

독립 영화 '인디 영화'라고도 부르는데, 제작비나 배급 등을 남에게 의존하지 않고 감독(또는 창작자)의 의도에 따라 자유롭게 제작한 영화예요. 독립 영화는 감독이나 후원자가 마련한 적은 제작비로 만들기 때문에 보통 몇 분이나 한 시간 이내의 짧은 영화가 대부분이에요. 흥행에 성공해야 한다는 부담이 적어 예술적이거나 실험적인 작품을 만들 수 있어요.

미장센 연극과 영화 현장에서 쓰이는 말로 여러 가지 의미로 사용돼요. 단어의 원래 뜻은 '무대에 놓는다'는 것인데 보통 연극하려고 무대에 놓는 모든 행위를 가리키는 거예요. 영화에서는 카메라 앞에 설치하는 세트, 소품, 배우, 촬영 도구 등을 가리켜요.

박스 오피스 박스 오피스는 영화관 앞에 상자처럼 작은 사무실에서 표를 팔았기 때문에 붙인 이름이에요. 그런데 요즘에는 '매표소'보다 '영화로 벌어들인 수입'이라는 의미로 활용돼요. 박스 오피스에서 팔린 표의 수를 계산해서 수입을 알아냈거든요. 흔히 박스 오피스 1위라고 하면 가장 인기 있는 영화라는 뜻이에요. 우리나라에서는 관람객수를 주로 발표하는 반면 미국에서는 총판매 금액을 주로 발표해요.

블록버스터 제2차 세계 대전 중에 영국 공군이 사용했던 폭탄의 이름이었어요. 이 폭탄이 터지면 한 지역이 송두리째 파괴될 만큼 위력이 어마어마했어요. 영화계에서는 폭탄의 파괴력만큼 엄청난 관객을 불러 모으는 힘을 가진 영화를 말할 때 쓰여요. 블록버스터 영화들은 유명 스타들이 대거 출연하고 엄청난 제작비를 사용하여 만들기 때문에 관객들의 기대감이 높아요. 최초의 블록버스터는 1975년 스티븐 스필버그 감독이 만든 「조스」예요.

스포일러 소설이나 영화, 드라마 등의 줄거리나 사건 해결에 결정적인 단서 또는 반전이 되는 요소 등을 독자나 관객에게 미리 밝히는 일을 말해요. 인터넷 게시물이나 영화평을 쓴 것을 읽을 때 '스포일러가 있다'는 점을 밝히는 경우가 종종 있어요. 스포일러가 많으면 재미와 감동, 반전으로 얻는 기분들이 많이 사라질 거예요.

시네마 시네마는 뤼미에르 형제가 만든 '시네마토그래프'에서 따온 말이에요. 프랑스에서 시작된 말로 보통 영화나 영화관을 의미해요. 미국에서는 영화를 찍는 현장에서는 '필름(film)'이라고 하고, 상영하는 영화를 가리킬 때에는 '무비(movie)'라고 해요. 우리나라에서 쓰는 '영화'라는 말은 일본에서 건너온 것으로 한때 '활동사진'이라고 불렀어요.

시사회 영화를 개봉하기 전에 영화사는 일부 관객에게 무료로 영화를 보여주는 시사회를 열어요. 시사회는 입소문을 통한 홍보 효과를 기대할 수 있고, 영화의 흥행을 미리 예측할 수 있도록 해 줘요.

아카데미 원래 고대 그리스의 아테네 가까이에 있는 숲을 가리켜요. 그리스의 대표적인 극작가 아리스토파네스가 연극을 위한 연습 장소로 사용하였고, 플라톤이 '철학 아카데미'를 세워 학문을 탐구했어요. 오늘날에는 미술 학교나 영화 학교 등 예술 관련 기관이나 장소 등을 가리킬 때 사용해요.

크랭크 인 '크랭크 인'은 영화 촬영을 시작한다는 의미예요. 크랭크는 옛날 촬영기나 영사기에 달린 손잡이로 필름을 돌리는 용도였어요. 크랭크를 돌리기 시작하면 촬영을 시작한다는 의미로 사용되었어요. 오늘날 촬영기에는 손잡이가 없지만 인터넷이나 뉴스를 보면 여전히 '크랭크 인'을 사용하고 있어요. 반대로 영화 촬영이 끝났다는 의미는 '크랭크 업'이에요.

할리우드 미국 캘리포니아 주의 로스앤젤레스에서 조금 떨어져 있는 미국 영화 산업의 중심지예요. 원래 할리우드는 20세기 초반만 해도 별 볼 일 없는 농장 지역에 불과했어요. 그 시기에 영화는 대부분 미국 북동부의 시카고나 뉴욕 등지에서 촬영되었거든요. 시카고에서는 영화를 찍다가 날씨가 추워 종종 촬영을 중단하는 일이 생겼어요. 영화 제작에 유리한 맑고 따뜻한 날씨와 주변 경치를 가진 할리우드는 더없이 좋은 곳이었어요.

신 나는 토론을 위한 맞춤 가이드

영화에 대한 이야기를 재미있게 읽었나요? 이제 영화 박사가 다 되었다고요? 그 전에 마지막 단계인 토론을 잊지 마세요. 토론을 잘하려면 올바른 지식과 다양한 정보가 바탕이 되어야 해요. 책을 다 읽고 친구 또는 엄마와 함께 신 나게 토론해 봐요!

잠깐! 토론과 토의는 뭐가 다르지?

토론과 토의는 모두 어떤 문제를 해결하기 위해 의견을 나누는 일입니다. 하지만 주제와 형식이 조금씩 달라요. 토의는 여러 사람의 다양한 의견을 한데 모아 협동하는 일이, 토론은 논리적인 근거로 상대방을 설득하는 일이 중요합니다. 토의는 누군가를 설득하거나 이겨야 하는 것이 아니기 때문에 서로 협력해서 생각의 폭을 넓히고 좋은 결정을 내릴 때 필요해요. 반면 토론은 한 문제를 놓고 찬성과 반대로 나뉘어 서로 대립하는 과정을 거치지요. 넓은 의미에서 토론은 토의까지 포함하는 경우가 많습니다. 토론과 토의 모두 논리적으로 생각 체계를 세우고, 사고력과 창의성을 높이는 데 도움을 준답니다.

토론의 올바른 자세

말하는 사람
1. 자신의 말이 잘 전달되도록 또박또박 말해요.
2. 바닥이나 책상을 보지 말고 앞을 보고 말해요.
3. 상대방이 자신의 주장과 달라도 존중해 주어요.
4. 주어진 시간에만 말을 해요.
5. 할 말을 미리 간단히 적어 두면 좋아요.

듣는 사람
1. 상대방에게 집중하면서 어떤 말을 하는지 열심히 들어요.
2. 비스듬히 앉지 말고 단정한 자세를 해요.
3. 상대방이 말하는 중간에 끼어들지 않아요.
4. 다른 사람과 떠들거나 딴짓을 하지 않아요.
5. 상대방의 말을 적으며 자기 생각과 비교해 봐요.

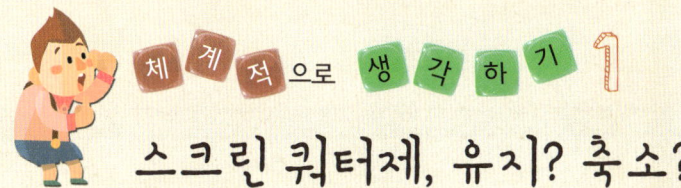

스크린 쿼터제, 유지? 축소?

다음 글을 읽고, 스크린 쿼터제의 역할과 쟁점을 알아봅시다.

> 스크린 쿼터제는 자국에서 만든 영화를 법으로 정해 놓은 일수만큼 극장에서 의무적으로 상영해야 한다는 규정이다. 이 제도는 우리나라, 프랑스, 이탈리아 등 여러 나라에서 운영되고 있으며 중국은 어느 나라보다 강력하게 운영하고 있다. 우리나라에서는 전체 상영일(365일) 가운데 40%인 146일 동안 우리나라의 영화를 의무적으로 상영해야 한다.
>
> 우리나라, 중국을 비롯해 나라 대부분은 영국, 프랑스, 미국과 비교하면 영화 산업에 뛰어든 역사가 짧다. 많은 나라는 자국의 영화 산업을 보호하기 위해 스크린 쿼터제를 지켜 왔고 효과를 톡톡히 봤다. 블록 버스터급 할리우드 영화에 맞서 스크린 쿼터제는 우리나라 영화 관계자에게 든든한 보호막이었다.
>
> 한편, 스크린 쿼터제를 유지할 필요가 없다는 주장도 있다. 최근 들어 우리나라의 영화는 탄탄한 시나리오와 구성력, 뛰어난 컴퓨터 그래픽 효과까지 두루두루 경쟁력을 갖췄다. 스크린 쿼터제에 의존하지 않고 작품성이 높고 관객들에게 널리 인정받는 영화를 만드는 문화를 가꾸는 것이 더 중요하다고 목소리를 높였다.

1. 우리나라 영화의 의무 상영일수를 유지하자는 사람들의 근거는 무엇인가요?

2. 우리나라 영화의 의무 상영일수를 줄여도 된다는 사람들의 근거는 무엇인가요?

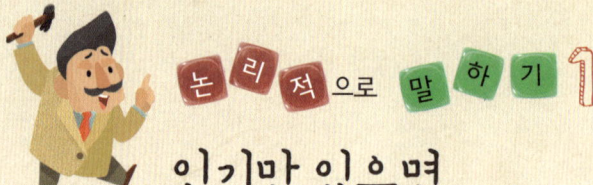

인기만 있으면
상영관 수를 독차지해도 문제 없을까?

미국의 한 영화 전문지는 관람객 수에서 영화 「아바타」를 앞지른 우리나라의 「명량」을 소개하며 관심을 가졌어요. 하지만 한 영화의 흥행 뒤에는 상영관조차 잡지 못하는 영화들이 있어요. 다음 기사(D 일보)를 읽고 무엇이 문제인지 의견을 나눠 봅시다.

우리나라 영화는 양적이나 질적인 면에서 새로운 역사를 쓰고 있지만, 한편으로는 대형 영화의 상영관 독과점 문제를 안고 있다. 한 영화감독은 2013년 6월에 개봉한 한 영화의 상영관의 독점 상황을 지적했다. 이 영화가 개봉한 날의 최대 스크린 수는 1341개였다.

상영관 독점을 지적했던 이 영화감독은 자신의 페이스북에서 "두어 달이 멀다 하고 단 한 편의 영화가 공포의 슈퍼 갑(가장 우대받는 상황을 이르는 표현)이 돼 다른 영화들의 극장을 빼앗고 왕따시키며, 퐁당퐁당 교차 상영 신세로 전락시키는 모습은 한국 사회 곳곳의 병폐와 너무도 비슷하다"며 "똑같이 고생해 만든 다른 좋은 영화들을 순식간에 불쌍한 을(갑에 따라 결정되는 처지를 의미하는 표현)로, 심지어 병과 정이 되게 만드는 꼴을 보는 것은 참으로 어이없고 슬픈 일"이라고 안타까워했다.

관객들도 상영관의 독과점 문제를 의식하고 있다. 한 영화 포털사이트가 우리나라 관객을 대상으로 우리나라 영화의 가장 큰 문제를 묻는 설문 조사를 진행했는데 거의 40%의 응답자가 '다양한 장르의 영화를 마음대로 볼 수 없는 환경'을 지적했다. 또한 우리나라 영화의 경쟁력을 위해서는 응답자들의 36%가 '새로운 장르에 대한 과감한 도전'이, 32%가 '저예산 영화·독립 영화·예술 영화 등 다양한 장르를 쉽게 볼 수 있는 극장 환경 마련'이 필요하다고 했다. 관객들도 상영관의 독과점 문제를 의식하고 있다. 한 영화 포털사이트가 우리나라 관객을 대상으로 우리나라 영화의 가장 큰 문제를 묻는 설문 조사를 진행했는데 거의 40%의 응답자가 '다양한 장르의 영화를 마음대로 볼 수 없는 환경'을 지적했다.

1. 우리나라 영화계에서 '스크린 수의 독점'이 등장한 배경은 무엇인가요?

2. 특정 영화의 스크린 독점 현상에 대해 어떻게 봐야 할까요? 특정 영화가 스크린 수를 독차지하지 못하게 법으로 규제해야 하는지 토론해 봅시다.

찬성 특정 영화의 지나친 스크린 수 확보는 제한해야 한다. **VS** **반대** 영화의 스크린 확보를 제한해서는 안 된다.

3. 우리나라 혹은 해외에서 특정 영화의 스크린 확보 범위를 제한한 사례가 있는지 찾아봐요.

특정 영화 쏠림은 고쳐야 하는 것일까? 괜찮은 것일까?

영화 한 편의 흥행 뒤에 다양성 영화가 사라진다는 걱정의 목소리가 높아지고 있습니다. 다음 기사(D 일보)를 읽고 문제점과 해결 방법을 생각해 봅시다.

미국 애니메이션 '겨울ㅇㅇ'이 다음 주에 1000만 관객을 돌파할 것으로 보인다. 2009년 '아ㅇㅇ' 이후 5년 만의 1000만 해외 영화이다. 우리 영화 '변ㅇㅇ'이 1000만 관객을 넘어 한 달만에 1000만 영화가 두 편 나오는 셈이다. '겨울ㅇㅇ'이 기록을 이루면 2012년 'ㅇㅇ들'이 1000만 관객을 넘은 이후 1년 반 사이에 1000만 영화가 4편이 나오는 것이다. 우리나라의 첫 1000만 영화인 ㉠ 가(이) 2004년 이후 1000만 관객을 모은 영화 11편 가운데 4편이 이 기간에 몰려 있다.

이 상황을 긍정적으로 바라보는 시각이 대부분이지만, 전문가들은 영화 소비의 쏠림 현상을 걱정하고 있다. 다양성 영화 관람을 통해 문화 소비의 수준을 높여야 한다는 지적을 내놓았다.

쏠림 현상은 통계를 보면 쉽게 확인할 수 있다. 거대한 상업 영화의 뒤로 다양성 영화를 찾는 사람은 갈수록 줄어들고 있다. 영화진흥위원회에 따르면, ㉡

갈수록 줄어드는 다양성 영화 관객들 (단위: 명)
( )는 점유율(%), 자료: 영화진흥위원회

	1037만 (6.6)	809만 (5.4)	476만 (3.0)	369만 (1.9)	343만 (1.6)
전체 관객 ▼	1억 5696만	1억 4918만	1억 5972만	1억 9489만	2억 1332만
	2009	2010	2011	2012	2013

이런 현상을 두고 전문가들 사이에서는 "관객이 틀렸다"는 주장을 던지기도 했다. 취향과 관점 없이 남들이 보는 영화만 찾는 소비 습관이 문제라는 것이다. 서울의 한 대학 교수는 인터넷의 발달이 문화 소비의 쏠림 현상을 강하게 이끌었다고 덧붙였다. (중략)

관객의 영화 편식을 바로잡을 수 있을까? 한 영화 평론가는 "영화는 오락이면서 동시에 오늘날의 대표적인 예술이다. 미술과 음악을 가르치듯이 학교에서 영화 보는 법을 가르쳐야 한다"고 제안했다. 프랑스에서는 고등학교 1학년에게 주당 3시간 정도 할애해서 여러 나라의 고전 영화를 감상하고 토론한다. 독일도 고등학교에서 예술 강사를 보내 정규 교육의 보충 프로그램으로 영화를 가르친다.

반론도 있다. 다른 영화 평론가는 "쏠림 현상이 있지만 우리나라 관객의 수준은 이전보다 높아졌다. 외국에서는 사회성 있는 영화를 수백만 관객이 보지 않는다"며 "영화 전문 평가 집단과 관객 사이의 차이는 더욱 좁혀졌다"고 말했다.

1. ㉠ 안에 들어갈 우리나라 영화의 제목을 쓰세요.

2. 밑줄친 '다양성 영화'에 해당하는 예를 쓰세요.

3. 통계 자료를 참고하여, ㉡ 안에 들어갈 문장을 만들어 보세요.

4. 특정 영화에 관객들이 몰려드는 현상에 대해 자신의 생각을 써 보세요.

영화 산업의 원동력은 무엇일까?

불법으로 영화 파일을 공유하지 않고 정당한 대가를 치른 뒤 콘텐츠를 감상하는 '굿다운로더'가 될 수 있도록 권장하는 방법을 생각해 봅시다.

방법 1

방법 2

방법 3

방법 4

> 나는 영화 포스터처럼 만들어 캠페인 해 볼까?

예시 답안

스크린 쿼터제, 유지? 축소?

1.
   - 큰돈을 써서 만든 해외 영화가 무분별하게 들여오면 우리나라 영화 산업이 쇠퇴하게 될 것이다.
   - 우리나라의 영화가 다양한 장르로 발을 내딛지 못하고, 영화 제작의 질마저 떨어 트리게 될 것이다.
   - 영화는 곧 문화이므로, 우리나라 사람들의 정서를 반영하지 못한 해외 영화의 많은 수입과 상영은 사회적인 혼란을 불러일으킬 수 있다.

2.
   - 스크린 쿼터제에 기대어 작품성이 뛰어나고 관객들의 인정을 받는 영화를 만드는데 소극적인 상황이 계속될 것이다. 영화 제작인들의 의지가 더욱 중요하다.
   - 스크린 쿼터제가 시행되더라도 이익만 추구한 영화에만 혜택이 돌아갈 것이므로 예술 영화는 여전히 대접받기 쉽지 않을 것이다.
   - 우리 문화만 우월하다는 생각에 빠질 수 있으며, 집단 이기주의로 볼 수 있다. 우리나라의 영화가 외국으로 진출하는 데도 큰 걸림돌이 될 것이다.

인기만 있으면 상영관 수를 독차지해도 괜찮을까?

1. 1000만 관객을 모은 영화의 등장과 많은 이익을 내려는 대형 영화사의 영향력이 커져 영화의 스크린 독점이 문제로 떠올랐다.
2. **제한해야 한다:** 다양한 장르를 원하는 관객들의 볼거리를 보장해야 하므로 스크린 수의 제한은 필요하다. 제대로 평가받지 못한 저예산 영화, 독립 영화 등이 특정 영화 때문에 설 자리가 없어지므로 스크린 수의 제한은 필요하다.
   제한해서는 안 된다: 극장에서 와서 영화를 보고 싶은 사람에게 더 많은 기회를 제공하므로 스크린 수를 제한할 필요가 없다. 더 좋은 영화를 만들 수 있는 수익을 안겨 주므로 스크린 수의 제한은 필요없다.
3. 20여 전 만해도 우리나라에서도 한 영화가 상영관의 30%를 넘길 수 없는 규정(프린트 벌수 제한)이 있었다. 그러나 해외의 거대 기업과 우루과이 라운드 등의 입김에 밀려 이러한 규정이 없어졌다.

특정 영화 쏠림은 고쳐야 하는 것일까? 괜찮은 것일까?

1. 실미도
2. 예술 영화, 저예산 영화, 독립 영화(또는 인디 영화) 등
3. 전국 극장 관객 수에서 다양성 영화를 본 관객이 차지하는 비율은 2009년부터 해마다 줄고 있다.
4. 학교 교육을 통해 다양한 장르의 영화를 볼 수 있는 방법을 가르치고, 관객들은 다양성 영화 관람으로 폭넓은 시각을 갖는데 노력한다.